RAMSÈS II

CÉSAR

CORTÉS

VICTORIA

BEETHOVEN

LE PREMIER HOMME

REGARD D'AUJOURD'HUI

La Collection des Hommes Célèbres

1 • Louis XIV & Versailles
2 • François 1er & les châteaux de la Loire
3 • Napoléon & son temps
4 • Le Mont Saint-Michel
5 • Ramsès II & son temps
6 • Alexandre & l'Orient
7 • César & Rome
8 • Michel-Ange & son temps
9 • De Gaulle et la France
10 • Lumière, s'il vous plaît !
11 • Lucy & son temps
12 • Cortés & le Mexique
13 • Victoria & son temps
14 • Les Beatles & les années 60
15 • Marco Polo & son temps
16 • Picasso & la passion de peindre
17 • Richard Cœur de Lion & les croisades
18 • Gandhi & son temps
19 • Beethoven & son temps
20 • Le premier homme & son temps
21 • Jésus & son temps
22 • Catherine II & son temps
23 • Churchill & son temps
24 • Propre, vous avez dit propre ?
25 • Bouddha & le bouddhisme
26 • Henri IV & son temps
27 • Avignon & le temps des papes
28 • Jeanne d'Arc & son temps
29 • Molière & ses personnages
30 • Léonard de Vinci & son temps
31 • Cro-Magnon & nous
32 • Cléopâtre & son temps
33 • Charlemagne & son temps
34 • Jean Moulin & ceux qui ont dit « non ! »
35 • Mahomet & l'islam
36 • Staline & son temps

HENRI IV

PICASSO

LÉONARD DE VINCI

STALINE
& SON TEMPS

Texte : Antoine Auger et Dimitri Casali
Direction artistique : Alain Mounier

Collection créée par Dominique Gaussen et Patrick Henry
Dirigée par Dominique Gaussen

MANGO JEUNESSE

"Une image vaut mille mots."

Xun Zi (313-238 av. J.-C.)

*La violence :
une composante de l'histoire russe*

EMPIRE RUSSE 1914
22,2 millions de km²
175 millions d'habitants

FRANCE 1914
528 000 km²
39 millions d'habitants

LE TSAR-SYSTEM

Durant dix siècles, les tsars ont édifié par le fer et par le sang un empire gigantesque à cheval sur l'Europe et l'Asie. Mais ils n'ont pu construire la Russie que grâce à une foi inébranlable et à un peuple immense et dévoué…

UN ÉTAT GÉANT !

Avec ses 22 200 000 km² et ses 175 millions d'habitants, l'Empire russe est, au début du XXᵉ siècle, un État géant. De Varsovie au détroit de Béring et du cercle polaire arctique au Caucase flotte le même drapeau frappé de l'aigle à deux têtes. Quant à sa population, c'est une mosaïque humaine composée d'une myriade de peuples européens ou asiatiques : Slaves, Turcs, Iraniens, Baltes, Mongols… Pour autant, les Russes en représentent un très gros morceau : 44 % de la population ! Ils ont imposé, souvent par la force, leur autorité, leur religion et leur langue.

UNE FOI

Trois institutions ont permis de réunir les pièces de ce gigantesque puzzle. La première et la plus importante, c'est le christianisme orthodoxe. Les Russes ont été christianisés à la fin du Xᵉ siècle par des émissaires byzantins. En 1054, au moment de la rupture entre chrétiens d'Occident et chrétiens d'Orient, ils ont tout naturellement gardé la foi byzantine. Au fur et à mesure de son expansion, l'Empire a englobé des peuples d'autres religions : chrétiens géorgiens, arméniens ou polonais, musulmans kazakhs ou tadjiks, juifs, bouddhistes mongols, animistes tchouktches. Mais l'Empire est officiellement orthodoxe. Au sommet de la hiérarchie religieuse figurent deux personnages incontournables : l'empereur lui-même, considéré comme le représentant de Dieu sur terre, puis le patriarche, chef de l'Église orthodoxe, qui n'a plus qu'une autorité limitée, voire symbolique.

UN TSAR

Car le deuxième pilier de la Russie, c'est l'empereur. Lointain héritier de Rome et de Byzance, il porte le titre de tsar (« César », en slave). Ce personnage sacré cumule privilèges et pouvoirs illimités. Il se dit même « autocrator », maître tout-puissant de l'Empire. Source de la loi, il a droit de vie ou de mort sur ses sujets. Ces derniers n'ont qu'une seule raison de vivre : obéir. « Je considère la vie humaine tout entière comme un service et rien que comme un service, car chacun sert », admet Nicolas II sans le moindre scrupule. Pour imposer son autorité, le tsar est à la tête d'une puissante administration formée pour l'essentiel d'aristocrates. Au cœur de ce système, le ministère de l'Intérieur constitue un véritable « État dans l'État » disposant d'une police redoutée, l'Okhrana.

UN PEUPLE

Puis vient le peuple, cette masse de 175 millions de personnes composée à 90 % de paysans, pour la plupart pauvres et illettrés. Principale force économique du pays, ils forment aussi des soldats dévoués et endurants. Jusqu'au milieu du XIXᵉ siècle, le monde paysan est, pour la moitié, formé de serfs attachés à leur maître. En 1861, le servage est aboli. L'agriculture reste cependant très archaïque : l'araire est largement utilisé, et les rendements sont les plus bas d'Europe ! Les ouvriers, quant à eux, ne représentent qu'une très faible part de la population, à peine 3 millions de personnes.

LA RÉVOLUTION EN RUSSIE ? MÊME MARX N'Y AURAIT PAS CRU

Ce philosophe s'appelle Karl Marx. Il n'est ni russe ni orthodoxe. Il n'a même jamais mis les pieds dans l'empire des tsars. Il est loin de se douter que ses idées bouleverseront la Russie.

KARL MARX, LE PENSEUR QUI VENAIT DE L'OUEST

Historien, économiste, philosophe, sociologue... le penseur allemand Karl Marx (1818-1883) est un véritable touche-à-tout. On le voit s'intéresser aux mouvements ouvriers, à Napoléon III, à la Commune... À chaque fois, il en arrive aux mêmes conclusions. Toutes les sociétés sont déterminées par une opposition fondamentale : la lutte des classes sociales. C'est même le moteur de l'histoire ! La situation de l'Europe du XIXe siècle en est le meilleur exemple. La classe ouvrière, le prolétariat, se trouve exploitée, opprimée par la bourgeoisie, qui dispose d'un atout économique décisif : le capital.

LE COMMUNISME EN SIX ÉTAPES

Dans le *Manifeste du parti communiste*, publié en 1848, Marx et son ami l'industriel Friedrich Engels appellent les ouvriers à renverser le pouvoir de la bourgeoisie pour instaurer une société communiste. Contrairement aux utopistes, Karl Marx tire sa réflexion de la réalité brute et non de quelque société idéale. Lui veut changer le monde réel... Pour cela, il fixe un programme d'action en six étapes :

– constitution des prolétaires en classe ;
– renversement de la domination bourgeoise ;
– conquête du pouvoir politique par le prolétariat ;
– collectivisation des moyens de production et d'échange ;
– dictature du prolétariat ;
– disparition des classes et création d'une véritable société communiste.

LA RUSSIE : LE CONTRE-EXEMPLE

Mais où aura lieu la révolution communiste ? Tous les regards se tournent vers l'Allemagne industrialisée et ouvrière de la fin du XIXe siècle. La Russie, c'est le contre-exemple parfait ! Dans ce pays agricole à 90 %, il est impossible d'imaginer une révolution communiste. Pourtant, les idées de Marx font leur chemin en Russie, et ses œuvres sont traduites dès les années 1870. Les premiers marxistes russes vivent dans la clandestinité de peur d'être arrêtés par la police du tsar. La plupart d'entre eux sont même exilés en Europe occidentale. Ils réussissent néanmoins à fonder en 1898 un mouvement politique, le Parti ouvrier social-démocrate de Russie (le POSDR).

Le marxisme

LE COMMUNISME AVANT MARX

Au milieu du XIXe siècle, le communisme n'a rien d'une idée neuve en Europe. De nombreux penseurs ont imaginé des sociétés idéales, des utopies, où tous les hommes seraient égaux et où la propriété privée aurait disparu. Parmi eux, l'humaniste anglais du XVIe siècle Thomas More (et son Utopie) et, pendant la Révolution, le Français Gracchus Babeuf.

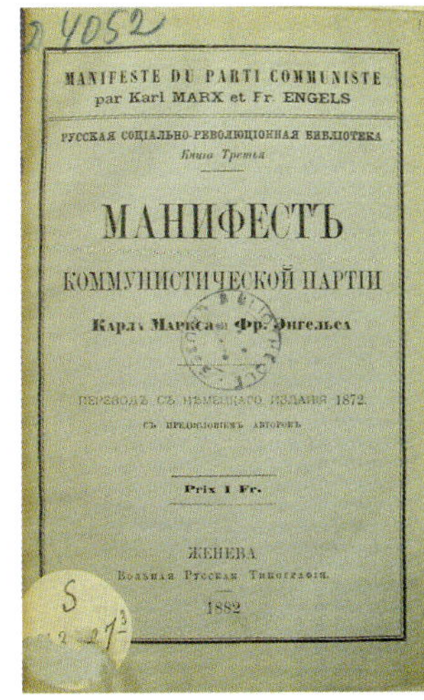

MANIFESTE DU PARTI COMMUNISTE
par Karl MARX et Fr. ENGELS

РУССКАЯ СОЦІАЛЬНО-РЕВОЛЮЦІОННАЯ БИБЛІОТЕКА
Книга Третья

МАНИФЕСТЪ
КОММУНИСТИЧЕСКОЙ ПАРТІИ
Карлъ Маркса и Фр. Энгельса

Переводъ съ нѣмецкаго изданія 1872.
съ предисловіемъ авторовъ

Prix 1 Fr.

ЖЕНЕВА
Вольная Русская Типографія.
1882

Manifeste du Parti communiste.
Édité en Russie pour
la première fois en 1882.

La mère de Staline « Kéké »
Elle voulait qu'il devienne prêtre.
En haut, vue d'une église orthodoxe russe.

Son enfance est longtemps restée un mystère... Staline n'en parlera presque jamais et interdira à tous les curieux de s'y intéresser. Lorsqu'il évoquera son passé, il changera les dates et les faits. Petite enquête sur les jeunes années d'un tyran mythomane...

Les malheurs de "Sosso"

Joseph Staline, de son vrai nom Iossif Vissarionovitch Djougachvili, est né le 6 décembre 1878 au sud de l'Empire russe, dans la petite ville de Gori en Géorgie. Son père, Vissarion, exerce les métiers de cordonnier l'hiver et de paysan l'été mais, paresseux et alcoolique, il travaille peu et mal. C'est plutôt la mère, Catherine Guéladzé, domestique dans une famille de commerçants, qui rapporte l'argent du foyer. Tous deux sont d'anciens serfs, affranchis en 1861. En plus de cette origine misérable, le pauvre Sosso souffre à sa naissance de plusieurs malformations : un bras gauche atrophié et deux orteils soudés... Ses premiers pas dans la vie sont tout aussi malheureux. À 7 ans, il contracte la variole, qui lui laissera de méchantes cicatrices au visage. Défiguré, il gardera de cette maladie un surnom : le « Grêlé ». À 9 ans, il est renversé par un fiacre. Son bras gauche est écrasé et déformé encore un peu plus. Ce pauvre gosse doit subir aussi les colères de ses parents. Il est régulièrement battu par son père, et par sa mère, elle-même brutalisée par son mari. Lorsque, bien plus tard, Staline demandera à sa mère pourquoi elle le battait si fort, la vieille « Kéké » répondra simplement : « C'est comme ça que tu es devenu aussi bon ! »

Ordre, discipline et catéchisme

À l'âge de 10 ans, Sosso entre au petit séminaire de Gori comme le voulait sa mère (Kéké souhaite en effet que son petit devienne prêtre orthodoxe), mais ses résultats ne sont pas à la hauteur. Joseph redoublera deux fois avant de pouvoir intégrer le grand séminaire de Tiflis, en 1896. La discipline y est austère. Les élèves sont soumis à des horaires très stricts et à un programme très lourd. Pourtant, cette ambiance convient parfaitement à cet adolescent, qui se montre de plus en plus assidu et travailleur en classe. Pendant un an, il lit beaucoup, écrit des poèmes et collectionne les bonnes notes, notamment en écriture sainte et en littérature. Il adore le catéchisme, cette façon d'apprendre et de réciter par cœur, de classer et de répéter des principes, sans forcément bien les comprendre.

En 1897, tout change. Joseph se met à lire des livres interdits (notamment les œuvres de Victor Hugo) et ne fait plus aucun effort en classe. Joseph a perdu la foi ; il ne veut plus devenir prêtre. Le voilà classé 26e sur 37 élèves ! Il n'assiste plus aux prières, ni aux épreuves écrites. Il sera plusieurs fois enfermé dans le cachot du séminaire. En 1899, il est finalement exclu du séminaire. Motif : « Ne s'est pas présenté aux examens pour des raisons inconnues. »

Staline, tendance mythomane

Ce passé, Staline ne l'aime pas, il en a honte : une naissance au fin fond de la Géorgie, des malformations, un père alcoolique et paresseux qui n'est même pas ouvrier, une mère violente, un passage au séminaire, un renvoi pour absentéisme... Ce passé, Staline va le truquer... En 1921, il commence par changer sa date de naissance. Il l'avance d'une année et la fixe au 21 décembre 1879 au lieu du 6 décembre 1878. Veut-il ainsi montrer qu'il était un enfant précoce ? Qu'il n'a pas redoublé deux fois le séminaire ? Dix ans plus tard, lors d'une interview, il assure que « ses parents ne [le] traitaient pas mal du tout ». On peut même lire dans sa biographie datée de 1948 qu'il « fut exclu du séminaire pour propagande du marxisme » !

PAS GÂTÉ, LE SOSSO

IL TRUQUE TOUT, MÊME SON NOM !

1903 : BOLCHEVIKS CONTRE MENCHEVIKS

En juillet 1903 se tient à Londres le IIe Congrès du Parti ouvrier social-démocrate de Russie. C'est l'occasion d'un débat houleux au sujet de l'organisation du parti. Lénine est favorable à un mouvement politique discipliné, dirigé par des professionnels de la révolution. Martov, au contraire, veut que le POSDR soit ouvert au plus grand nombre, et sans réelle discipline. Minoritaires au début du congrès, les partisans de Lénine recueillent finalement la majorité des voix, d'où leur nom de bolcheviks (les « majoritaires ») qui les distingue des mencheviks (« minoritaires ») de Martov. Quant à Koba, il ne tardera pas à choisir son camp, celui de la majorité, de l'ordre et de l'action : les bolcheviks, bien sûr !

VLADIMIR ILITCH OULIANOV DIT LÉNINE : LE GRAND STRATÈGE

Grand lecteur de Marx, ce jeune avocat s'engage très tôt dans le mouvement révolutionnaire. Il est arrêté en 1895 par la police du tsar, puis déporté en Sibérie et contraint à l'exil. Il devient vite une personnalité marquante du Parti social-démocrate. En 1903, il apparaît comme le chef de file de la tendance bolchevique.

Qui est Iossif Djougachvili ? Sosso, le petit séminariste froid et discipliné, ou Koba, le rebelle ? Beaucoup des deux. Engagé à 19 ans dans l'action politique, le jeune homme a le profil idéal pour mener, dans l'ombre, la révolution.

Et Sosso devient Koba...

À partir de 1898, le jeune séminariste se montre de plus en plus rebelle (il participe secrètement à des réunions de militants sociaux-démocrates), mais c'est après son renvoi du séminaire qu'il entrera réellement dans le mouvement révolutionnaire. Il trouve un emploi d'archiviste à l'Observatoire de géophysique de Tiflis, ce qui lui laisse du temps pour ses activités politiques. En 1900, il prend le pseudonyme de « Koba », nom du héros d'un roman, bandit géorgien du milieu du XIXe siècle en lutte contre le tsar.

Koba, l'indic du tsar ?

Mais Koba ne jouit pas d'une bonne réputation auprès de ses camarades, qui lui reprochent sa froideur, sa brutalité et sa vanité. Il n'a rien d'un leader politique. Il se montre maladroit et critique vis-à-vis de son parti. Il ne participe pas très activement aux manifestations. En plus, il a l'habitude de traîner avec un vrai brigand, l'Arménien Kamo. Son départ précipité du séminaire a éveillé les soupçons de la police secrète du tsar, l'Okhrana, qui s'intéresse à son cas. Un agent secret est chargé de le suivre afin d'infiltrer les réseaux révolutionnaires. Koba a-t-il eu des rapports troubles avec la police ? Certains l'accuseront d'être « un calomniateur et un agent provocateur ». Plus tard, un espion de la CIA imaginera même que le futur Staline a joué les « indics » pour le compte de l'Okhrana...

L'agent secret de la révolution

Fin mars 1901, Koba abandonne son emploi et entre définitivement dans la clandestinité. Le voilà maintenant agent secret de la révolution à temps plein. Pour échapper à la police, il multiplie les déplacements et... les pseudonymes. Il parvient à se faire élire au comité du parti social-démocrate de Tiflis, mais il est rapidement écarté pour son insolence. En novembre 1901, il est envoyé à Batoumi, au bord de la mer Noire, afin d'y organiser le mouvement révolutionnaire. Une fois encore, il se fait remarquer pour son mauvais caractère au sein du parti et sa discrétion lors des manifestations. Il est pourtant arrêté en avril 1902 par la police et emprisonné. Faute de preuve contre lui, il ne sera pas exécuté mais condamné à trois ans de travaux forcés, d'abord à Irkoutsk puis, en novembre 1903, à Novaia Ouda, en Sibérie.

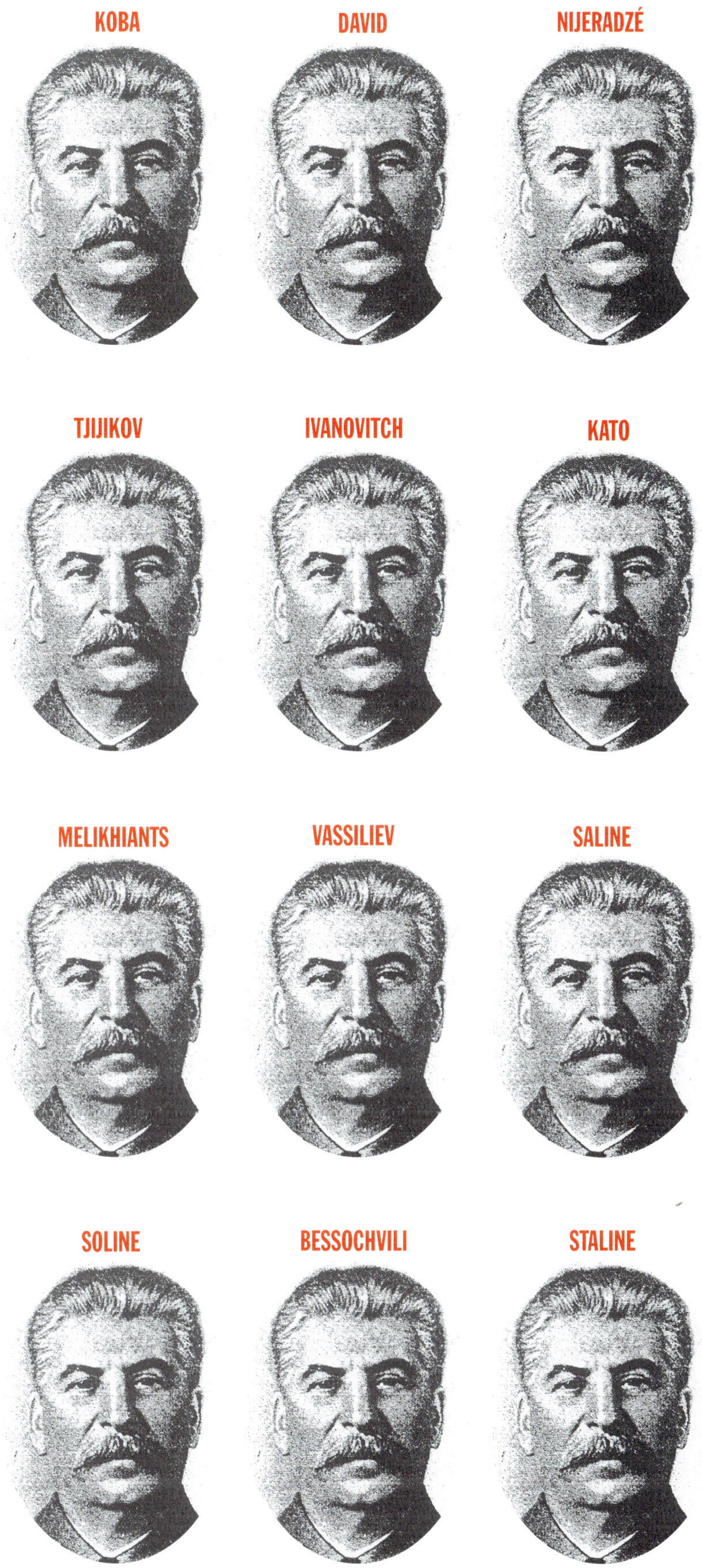

CET HOMME
EST RECHERCHÉ

Prisonnier, exilé, clandestin, truand… Koba multiplie les rôles d'une mauvaise série noire. Il se taille une petite réputation de révolutionnaire borné, fougueux et insolent. Mais pour les coups de mains et les braquages, il devient vite irremplaçable…

L'homme des « ex »

En janvier 1904, Koba réussit de justesse à s'échapper avant son transfert en Sibérie. Il rejoint la ville de Tiflis et se cache pendant un moment. En juin, il épouse Catherine Svanidzé, une couturière géorgienne qui lui apporte un semblant de stabilité. Koba ne tarde cependant pas à sombrer dans le grand banditisme. Avec son ami Kamo, qui vient de sortir de prison, il organise pendant plusieurs années une série de braquages, des « expropriations révolutionnaires » (des « ex ») dans les environs de Tiflis. Ces attaques de banques ou de trains postaux, largement pratiquées par les bolcheviks, permettent d'alimenter les caisses du mouvement.

Koba rencontre Lénine

En décembre 1905, Koba se rend à la conférence de Tampere (Finlande) en qualité de délégué du comité de Tiflis. Il y rencontre, pour la première fois, Lénine, qui a déjà entendu parler de ses « expropriations ». Les deux hommes ne tardent pas à s'opposer au sujet des élections à l'assemblée (la Douma). Lénine veut que les bolcheviks y participent. Fidèle à son habitude, Koba suit l'avis de la majorité des délégués et se montre favorable à un « boycott actif ». Lénine finira par se rallier à cette position…

L'homme de fer

Koba se taille une solide réputation d'expropriateur. Il est même soupçonné par la police d'avoir organisé l'attaque à la bombe du fourgon du Trésor public en juin 1907, au cours de laquelle 341 000 roubles ont été dérobés. On ne compte plus ses séjours en

MEME PAR LENINE

prison. Entre 1908 et 1912, il est arrêté quatre fois, placé deux fois en résidence surveillée et exilé une fois en Sibérie. Mais c'est en 1912 que commence sa véritable carrière politique. Grâce au soutien de Lénine, il est admis au Comité central du Parti bolchevik, qui vient d'être fondé. Un an plus tard, il est envoyé en mission à Vienne pour y étudier le problème des nationalités de l'Empire russe. Il profitera de son séjour pour écrire son premier livre politique, *le Marxisme et la Question nationale*. Koba s'est déjà choisi un nouveau nom, à la mesure de son personnage : Staline, qui signifie en russe l'« homme de fer ».

Que fait Staline pendant la guerre ? Il chasse et pêche en Sibérie sans se douter que la révolution est imminente…

Staline en Sibérie

De retour à Saint-Pétersbourg en février 1913, Staline est une nouvelle fois arrêté par la police. Il est condamné à une peine exemplaire : quatre ans d'exil dans le petit village de Touroukhansk, au nord de la Sibérie. Le 10 août, il arrive enfin dans cette région polaire, perdue et isolée au milieu de la forêt. Il loge dans une cabane couverte de chaume, luttant contre le froid, la faim et les moustiques. Pour vivre, il ne dispose que d'une allocation de 3 roubles par mois versée par le gouvernement. L'hiver est terrible : « J'ai attrapé une toux suspecte à la suite d'une vague de froid (– 37 °C), mon état général est maladif, je n'ai plus de réserves, ni de pain, ni de sucre, ni de viande, ni de pétrole. »

« La guerre est le plus beau cadeau fait à la révolution » (Lénine)

Le 1er août 1914, l'Allemagne déclare la guerre à la Russie. Un mois plus tard, l'armée russe est une première fois battue. En novembre, nouveau coup dur : la Turquie entre en guerre aux côtés de l'Alliance et bloque les détroits de la mer Noire. La principale voie commerciale de la Russie est bouchée ! L'Empire, qui n'est plus approvisionné en armes, en matières premières et en biens d'équipement, vit sur ses réserves. Pourtant, l'armée du tsar parvient au début de l'année suivante à occuper le nord de l'Autriche-Hongrie. En mai, elle est transpercée par les armées allemandes et austro-hongroises. En septembre, le tsar prend en personne le commandement de l'armée russe : le résultat est catastrophique. L'attaque victorieuse du général Broussilov en juin 1916 n'y change rien. En 1917, 1,5 million de soldats russes ont déjà été tués et 5 millions ont été blessés ou faits prisonniers. À cela s'ajoute un contexte économique dramatique caractérisé par une inflation galopante : entre 1914 et 1917, les prix des produits de base augmentent de 2 500 % ! La situation politique est encore pire : le gouvernement, réactionnaire, et la Douma, libérale, se livrent une guerre sans merci qui affaiblit encore un peu plus l'État russe. Bref, anarchie politique, misère économique, humiliation… le cocktail idéal pour le déclenchement d'une révolution !

Et Staline ?

Lors de la mobilisation, cela fait presque un an qu'il est en exil dans le grand Nord. Solitaire et renfermé, il ne se préoccupe pas vraiment de la guerre… Il passe son temps à chasser, à pêcher et à boire de la vodka. Réformé en raison de son bras difforme, il ne cherchera même pas à partir au front. Après la Seconde Guerre mondiale, Staline s'inventera un passé plus glorieux : il racontera qu'il a été « mobilisé dans l'armée » mais qu'il fut jugé "indésirable" en raison de ses opinions politiques !

Une réaction en chaîne

Deux systèmes d'alliance se font face : la Triple-Entente, réunissant la France, la Russie et le Royaume-Uni, et la Triple-Alliance, qui regroupe l'Allemagne, l'Autriche-Hongrie et l'Italie. Le 28 juin 1914, l'assassinat de l'archiduc autrichien François Ferdinand à Sarajevo met le feu aux poudres. Vienne accuse la Serbie, qui se tourne vers son allié russe. Un mois plus tard, l'Autriche-Hongrie déclare la guerre à la Serbie. À son tour, l'Allemagne déclare la guerre à la Russie.

IL Y EN A QUI ONT DES FUSILS. STALINE, LUI, A UNE CANNE À PÊCHE

POSDR (Parti ouvrier social-démocrate de Russie) ou SR (Socialistes révolutionnaires) ?
Ces deux partis se ressemblent : ils sont tous les deux révolutionnaires, et rencontrent un certain succès chez les intellectuels. Mais gare à la confusion ! Contrairement à leurs cousins, les SR ne sont pas marxistes, ils ne s'appuient pas sur le prolétariat ouvrier, mais sur la paysannerie. Ils ne veulent pas collectiviser la terre mais confisquer les grandes propriétés et les partager entre les paysans. Leurs méthodes d'action sont violentes, souvent terroristes.

… et les KD (constitutionnels démocrates) ?
Ils ne sont pas révolutionnaires, encore moins marxistes. Le Parti constitutionnel démocrate (KD) est né pendant la révolution de 1905. Les KD militent pour l'instauration d'une véritable monarchie parlementaire reposant sur une Douma puissante.

« Nous, la vieille génération, nous ne verrons pas la révolution future », écrit Lénine en janvier 1917. Un mois plus tard, l'autorité du tsar, vieille de dix siècles, est renversée en seulement quelques jours.

Émeute ou révolution ?

Dès 1916, l'empire russe est ébranlé par une série de grèves et de manifestations. Un an plus tard, la situation devient explosive. Le 20 février 1917, selon le calendrier russe (le 5 mars selon notre calendrier), la fermeture de l'usine Poutilov de Petrograd laisse sur le carreau des milliers de chômeurs. Trois jours plus tard, les ouvrières de la ville organisent une grande manifestation contre le tsar, à laquelle participent aussi des employés et des étudiants. Les 24 et 25 février, le mouvement se durcit encore un peu plus : 200 000 ouvriers réclament « la paix et du pain ». Le gouvernement réagit le 26 février en proclamant la dissolution de la Douma et en ordonnant à l'armée de « faire cesser à tout prix ces désordres intolérables ». Mais, le lendemain, la Douma ne se sépare pas. En plus, la garnison de Petrograd refuse de tirer sur la foule. Elle s'associe même aux manifestants. Ensemble, ouvriers et soldats s'emparent des 40 000 fusils de l'Arsenal et envahissent le palais d'Hiver, siège de la Douma. Le même jour, des militants mencheviks, bolcheviks et socialistes révolutionnaires fondent à la hâte un soviet, un conseil de délégués ouvriers.

Le « double pouvoir »

Début mars, tout s'accélère. Le soviet de Petrograd et un comité issu de la Douma forment un gouvernement provisoire dirigé par le prince Lvov, un constitutionnel démocrate (KD). L'armée, quant à elle, ne tarde pas à rallier le gouvernement. Elle conseille même au tsar d'abdiquer « pour sauver l'indépendance du pays et assurer la sauvegarde de la dynastie ». Nicolas II se résigne en offrant la couronne impériale à son frère, le grand-duc Michel, qui finit par la refuser. La Russie est désormais dirigée par une sorte de double pouvoir : d'un côté le soviet, qui agit dans l'ombre, et de l'autre la Douma. Le 6 mars, le gouvernement adopte une série de mesures politiques : proclamation des libertés, abolition de la peine de mort, convocation d'une assemblée chargée de rédiger une nouvelle constitution…

La révolution d'octobre commence en février

Un rendez-vous manqué

Pour les bolcheviks, les mencheviks et les socialistes révolutionnaires, la révolution de février 1917 est comme un rendez-vous manqué. Tous ont été pris de court, débordés par les événements. Lénine est en exil en Suisse, et Staline ne rentrera de Sibérie que le 12 mars. Le principal acteur de cette révolution, c'est le peuple des villes, c'est-à-dire les femmes, les ouvriers et les soldats !

Trois noms pour une seule ville !
En 1914, les autorités russes débaptisent Saint-Pétersbourg. Ce nom, qui sonnait un peu trop allemand, est russifié en Petrograd. Dix ans plus tard, Staline rendra hommage au défunt Lénine en rebaptisant la ville Leningrad. Finalement, en 1991, les Russes lui redonneront son premier nom, Saint-Pétersbourg, pour gommer le passé communiste.

Affiche de propagande soviétique.

LES ALLEMANDS INOCULENT À LA LE «VIRUS»

1. En avril 1917, tous les regards sont tournés vers Lénine. À la surprise générale, le dirigeant bolchevik appelle à une nouvelle révolution russe ! En Suisse, Lénine trépigne d'impatience…

2. À coup de lettres et de télégrammes, il répète que la révolution n'est pas terminée et que la Russie doit signer la paix le plus vite possible.

3. Pour les États de l'Entente, ce personnage est un dangereux agitateur qui risque de démobiliser complètement leur allié russe. Il faut donc l'empêcher de rentrer au pays.

5. Les Allemands se réjouiraient de voir la Russie signer la paix. Ils n'auraient plus à mener le conflit sur deux fronts. L'Allemagne négocie donc le transfert de Lénine en Russie.

6. Le 28 mars, le dirigeant bolchevik quitte Zurich dans un wagon plombé bénéficiant d'un statut d'extra-territorialité.

7. Le convoi traverse l'Allemagne, puis la Suède.

RUSSIE LÉNINE

4. Pour l'Allemagne, au contraire, c'est une arme hautement stratégique, un puissant « virus » capable de faire basculer la guerre en sa faveur.

8. Lénine arrive à Petrograd sous les acclamations de la foule. À peine rentré, il donne un véritable coup de fouet aux bolcheviks. Dans son ouvrage intitulé les *Thèses d'avril*, il s'oppose au gouvernement provisoire ainsi qu'à la république parlementaire.

→

→

Lénine encourage les paysans pauvres et le prolétariat à prendre le pouvoir pour fonder une « république des soviets ». Il prône la paix immédiate, le contrôle de la production industrielle par les soviets, la suppression de la police et des fonctionnaires... Ces idées rencontrent progressivement un grand succès chez les bolcheviks, mais elles ont aussi des adversaires, notamment les partisans de Kamenev, plus modérés. Staline, quant à lui, louvoie entre les deux camps.

« Sans le putsch de Kornilov, il n'y aurait pas eu Lénine » (Kerenski)

Les gouvernements se suivent... sans aucun résultat. Durant l'été 1917, le nouveau président du Conseil, Kerenski, s'en prend au parti bolchevik : de nombreux dirigeants sont arrêtés, la *Pravda* est interdite, Lénine est contraint de s'enfuir en Finlande. Quant à Staline, sûrement trop modéré pour être dangereux, il ne sera même pas inquiété par la police. Mais la situation se renverse en août 1917, lorsque le général Kornilov tente un coup d'État militaire. Kerenski appelle tous les révolutionnaires à défendre la révolution. Les bolcheviks organisent aussitôt la résistance et parviennent, début septembre, à faire échouer le putsch. Cette victoire leur vaut un grand succès populaire.

Le « coup de force de Lénine »

Depuis la Finlande, Lénine en appelle à l'insurrection armée : « La crise est mûre », annonce-t-il. Il tente même un coup de force en décidant que la révolution sera menée le plus tôt possible. Rentré clandestinement en Russie, il sent à la mi-octobre que son pari est presque gagné : le Parti bolchevik a accepté le principe de l'insurrection ; un comité militaire, commandé par Trotski, est même créé. La deuxième révolution peut commencer... Le 22 octobre 1917, Lénine parvient à rallier la garnison de Petrograd. Le 24, les membres du comité militaire bloquent les centres névralgiques (gares, ponts, postes) de Petrograd. Le lendemain, ils prennent d'assaut le palais d'Hiver, siège du gouvernement. Les marins révolutionnaires du croiseur Aurora tirent même quelques coups de canon sur le palais d'Hiver. Le gouvernement finit par se rendre... La révolution d'Octobre n'a rien d'un soulèvement populaire. C'est un coup de force mené par un petit groupe d'hommes organisés et disciplinés : les bolcheviks.

GUERRE CIVILE : VICTOIRE DES ROUGES SUR LES BLANCS

Staline n'était qu'un homme de main fidèle et discipliné. Avec la guerre civile, il se convertit en petit chef paranoïaque et tyrannique.

Les décrets révolutionnaires

En octobre et en novembre 1917, Lénine fait adopter une série de mesures révolutionnaires : le décret sur la paix, qui prévoit une « paix sans annexions ni indemnités », le décret sur la terre, qui « abolit la propriété de la terre », le décret sur les nationalités, qui accorde aux peuples de l'Empire l'égalité, la souveraineté et le droit à l'autodétermination, ainsi que le décret sur le contrôle ouvrier, qui instaure la journée de travail de huit heures.

Le « coup d'État » de Lénine

Quelle sera la nature du nouveau régime ? « Démocratie soviétique », comme le veut Lénine, ou démocratie parlementaire ? Pour apporter une réponse à cette question, Lénine veut laisser parler les urnes. Pas question de retarder la tenue des élections législatives comme l'avait trop souvent fait Kerenski. Mais les résultats électoraux sont particulièrement décevants pour les bolcheviks, qui ne recueillent qu'un peu plus du quart des voix. Le 5 janvier 1918, la nouvelle Assemblée constituante, majoritairement SR, s'empresse d'annuler les décrets d'Octobre. Les bolcheviks quittent en bloc la séance et proclament la dissolution de l'Assemblée. La démocratie parlementaire est mort-née...

La guerre civile

Dès le printemps 1918, la « révolution est en danger ». Les nationalistes ukrainiens, les cosaques et même les SR se soulèvent contre le gouvernement bolchevik. Des généraux tsaristes lèvent des armées pour prendre le pouvoir. À cela s'ajoutent les interventions étrangères : occupation de l'Ukraine par les Allemands, débarquement des Japonais en Sibérie et intervention des États de l'Entente... Les bolcheviks ne contrôlent plus qu'un ensemble compact de territoires autour de Moscou : les « rouges » sont cernés par les « blancs ». Ils disposent néanmoins d'une puissante machine de guerre : l'Armée rouge, créée par Trotski et forte de plus d'un million d'hommes en 1919. Grâce à leur position centrale, les rouges maîtrisent le cœur du réseau ferré russe, ce qui leur permet d'acheminer rapidement hommes, vivres, armes et munitions jusqu'aux fronts.

L'armée rouge : créée par Trostki, elle est forte d'un million d'hommes. En civil, Trostki au centre de la photo.

Le « commissaire botté »

La révolution d'Octobre puis la guerre civile donnent un nouveau souffle à la carrière de Staline. En octobre 1917, il est nommé commissaire du peuple aux nationalités. En mai 1918, il se voit même confier la direction de l'approvisionnement du sud de la Russie. Il est envoyé sur le front à Tsaritsyne, où la situation est critique : les armées blanches et cosaques se livrent à des crimes horribles. Staline répond à la violence par la violence. Sur un bateau, au milieu de la Volga, il fait fusiller ou noyer une centaine de personnes qu'il accuse de conspiration. Faible et lâche, il ne visite jamais le front, préférant s'enfermer dans un wagon pour rédiger des rapports.

La paix à tout prix

Le 3 mars 1918, un traité de paix est signé à Brest-Litovsk avec l'Allemagne et l'Autriche. Le prix en est très lourd : la Russie doit céder la Finlande, les pays baltes, l'Ukraine ainsi que les régions de Batoumi et de Kars. Elle doit ainsi renoncer à 26 % de sa population, à 33 % de ses ressources agricoles et à 75 % de ses richesses en fer et en charbon !

Une « croisade antibolchevique »

Les États de l'Entente n'ont pas supporté la paix de Brest-Litovsk, véritable « coup de poignard » dans leur dos. Ils craignent aussi une diffusion de la révolution en Europe, aussi organisent-ils une véritable « croisade antibolchevique ». Pour aider les généraux tsaristes, des soldats américains pénètrent en Carélie, et des troupes françaises et anglaises débarquent à Arkhangelsk et à Odessa.

Affiche de Gustav Kluzis, 1930.
« Sous la bannière de Lénine pour la construction du Socialisme. »

LÉNINE AU POUVOIR

STALINE EN EMBUSCADE

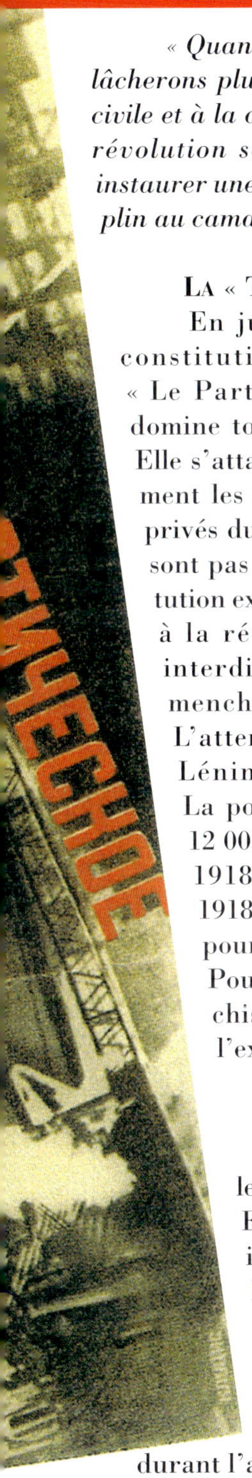

« Quand nous aurons pris le pouvoir, nous ne le lâcherons plus », avait dit Lénine. Face à la guerre civile et à la crise économique, il tente de protéger la révolution socialiste coûte que coûte... quitte à instaurer une dictature. Sa politique servira de tremplin au camarade Staline.

La « Terreur rouge »

En juillet 1918, Lénine fait adopter une constitution particulièrement autoritaire : « Le Parti communiste dirige, commande et domine tout l'appareil d'État », affirme-t-elle. Elle s'attaque aux « ennemis de classe », notamment les bourgeois et les nobles, qui se voient privés du droit de vote. Les partis politiques ne sont pas officiellement interdits, mais la constitution exclut tous ceux qui pourraient s'opposer à la révolution socialiste. Après les KD, interdits en 1917, ce sont les SR, puis les mencheviks, qui finiront par disparaître. L'attentat organisé le 30 août 1918 contre Lénine accentue encore la répression. La police politique, la Tcheka, fait fusiller 12 000 personnes en septembre et en octobre 1918 ! Elle organise même, durant l'été 1918, un réseau de camps de concentration pour les blancs et les « ennemis de classe ». Pour empêcher toute restauration monarchiste, Lénine ordonne, en juillet 1918, l'exécution de la famille impériale.

La terreur blanche

Trop divisés et trop brutaux, les blancs ne parviennent pas à s'imposer. En abolissant le décret sur la terre, ils s'attirent la haine des paysans. Ils traitent avec une extrême cruauté les peuples non russes et les Juifs. Dans l'autre camp, les généraux rouges, notamment Toukhatchevski, sont de plus fins stratèges. Ils vont organiser durant l'année 1920 la reconquête du territoire.

Le Xe Congrès : un tremplin pour Staline

Staline veut conquérir le secrétariat du Comité central, poste clé du pouvoir. Pour cela, il a constitué une équipe d'hommes fidèles. Lors du Xe Congrès du parti communiste organisé en mars 1921, Lénine renforce encore la dictature politique. Il décide d'abord d'interdire les fractions au sein du Parti, puis il permet au Comité central d'exclure, après un vote, tous les communistes qui ne seraient pas dans la droite ligne idéologique. Ces deux résolutions soulèvent l'indignation de Trotski et des trois secrétaires du Comité central, qui s'opposent fermement à cette politique d'exclusion. Ils seront rapidement écartés du Comité au profit... des partisans de Staline ! Le Xe Congrès permet une vaste épuration des cadres du Parti, accusés d'immoralité ou de déviance idéologique. Entre 1921 et 1922, ce sont presque 25 % des membres qui seront exclus... et remplacés par des militants plus obéissants qui doivent leur poste à Staline.

La NEP, la nouvelle politique économique

Le « communisme de guerre » n'a fait qu'accentuer la décomposition de l'économie. Lors du Xe Congrès, Lénine change de cap et décide de restaurer le capitalisme ! Mais pour une durée limitée, et pour certains secteurs seulement : le petit commerce ou l'artisanat. Les grandes industries et les banques resteront sous le contrôle de l'État.

La Russie en ruine
Des villes désertées, des chemins de fer détruits aux deux tiers, 10 millions de morts... Après la guerre civile, la Russie est « assez semblable à un homme à moitié mort sous les coups » (Lénine). En 1921, les marins du cuirassé Petropavlovsk, basé à Cronstadt près de Petrograd, se mutinent. Ils réclament le rétablissement des libertés et la fin des réquisitions imposées par l'Armée rouge aux paysans. La révolte sera réprimée dans le sang par le commissaire à la guerre, Trotski, et par le général Toukhatchevski.

STALINE AU POUVOIR

Grand gagnant de la dictature politique, Staline est parvenu à noyauter tous les organes du Parti. En avril 1922, il est même nommé secrétaire général ! Il profite de la maladie de Lénine pour renforcer encore son pouvoir.

Lénine versus Staline

En mai 1922, Lénine est victime d'une première attaque qui le laisse paralysé du côté droit. Staline en profite pour exprimer ses idées au sujet de l'organisation du futur État soviétique. Il est favorable à une vaste fédération centralisée, dominée par la Russie, au sein de laquelle les autres républiques n'auraient qu'une autonomie de façade. Dès son retour de convalescence, en septembre 1922, Lénine découvre tout le danger de cette position nationaliste. Il veut une vraie communauté de républiques égales et souveraines. Il propose même que la présidence du gouvernement fédéral soit confiée, à tour de rôle, à un représentant de chaque république.

L'URSS

Lénine parvient à imposer ses idées. La fédération sera baptisée « Union des républiques socialistes soviétiques » (URSS), sans aucune allusion à la Russie. Les différentes républiques (la RSFSR, l'Ukraine, la Biélorussie puis la Transcaucasie) seront réunies sur la base d'un contrat volontaire. Elles auront le droit de quitter l'Union si elles le désirent. Le 30 décembre 1922 est enfin créée l'URSS. Mais Staline ne manquera pas de bafouer ces beaux principes...

La famine en URSS
Les années 1921 et 1922 sont dramatiques pour des millions de Soviétiques. Les terres ont été ravagées par des années de guerre. Les récoltes ont été réquisitionnées par l'Armée rouge. À cela s'ajoute, en 1921, une terrible sécheresse dans la région de la Volga. Le tout provoque une gigantesque famine qui fait au moins 5 millions de morts.

Le « testament » de Lénine

Une deuxième attaque, en décembre 1922, affaiblit Lénine un peu plus. Pourtant, il trouve la force de dicter à sa secrétaire trois notes sur les dirigeants du Parti. Dans ce « testament », il signale que « Staline en devenant secrétaire général a concentré dans ses mains un pouvoir illimité ». Le 30 décembre, il ajoutera une note accablante : « Staline est trop brutal. » Sa conclusion est aussi ferme : « Je propose donc aux camarades d'étudier un moyen pour démettre Staline de ce poste. »

« Ah si j'étais en liberté ! » (Lénine)

Staline ne tient pas seulement le « Vieux » sous étroite surveillance. Il lui impose un règlement très strict : courriers et rendez-vous interdits, séances de notes limitées à dix minutes par jour. Quant aux amis de Lénine, ils sont priés de ne « lui communiquer aucune nouvelle de la vie politique afin de ne pas lui donner matière à réflexion et de ne pas l'agiter ».

Staline le bureaucrate

Le Parti communiste compte 750 000 personnes, soit quatre fois plus qu'en 1917 ! Pour assurer son pouvoir, le secrétaire général Staline multiplie les emplois administratifs au sein du Parti. Il détermine lui-même les salaires, souvent élevés : cinq fois le revenu d'un ouvrier pour un secrétaire de comité régional ! Le Secrétariat général emploie ainsi 600 personnes, le Comité de contrôle du répertoire, chargé de censurer les œuvres théâtrales, ne compte pas moins d'une cinquantaine de sections dans les régions, soit des centaines de fonctionnaires ! L'administration devient vite laxiste et inefficace, ce qui ne manque pas d'énerver Lénine : « Notre pire ennemi intérieur, c'est le bureaucrate ! » répète-t-il.

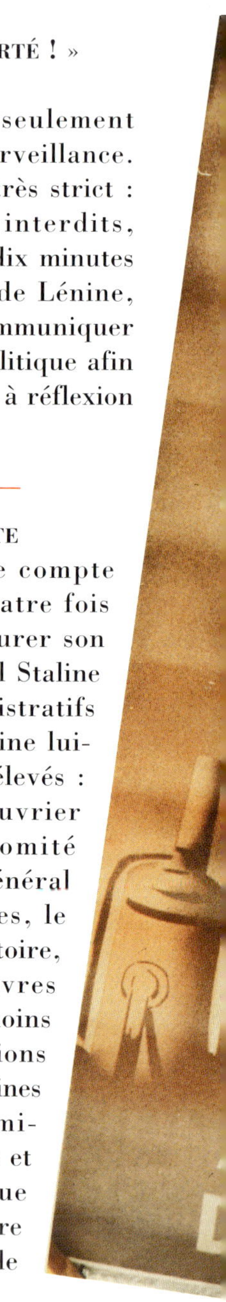

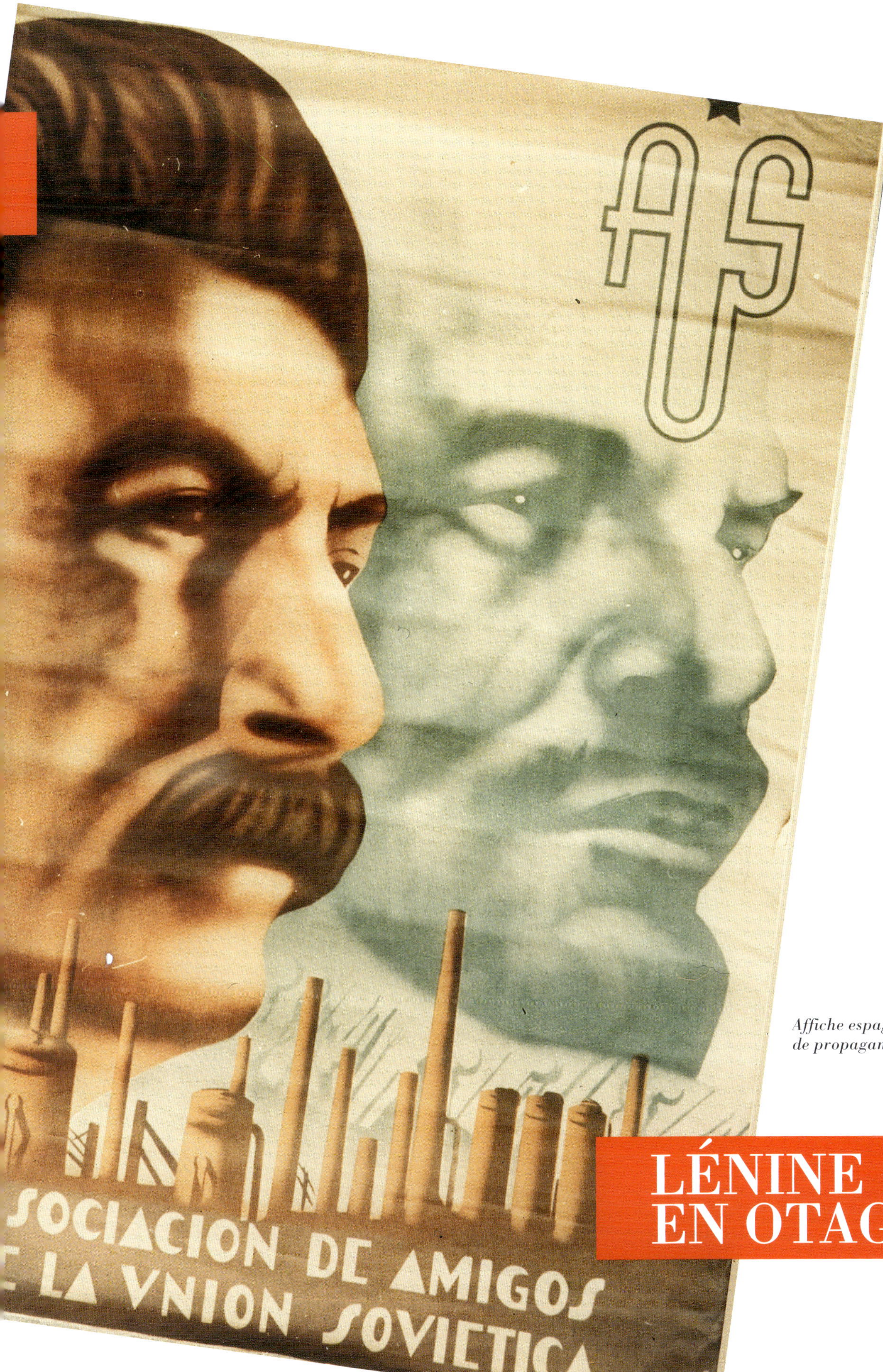

Affiche espagnole de propagande

LÉNINE EN OTAGE

TROTSKI

EN LIGNE DE MIRE

Origine sociale, éducation, politique… tout les oppose. Plus qu'une rivalité, c'est une haine tenace qui sépare les deux hommes. Pour Staline, Trotski devient l'opposant gênant, l'homme à abattre.

TROTSKI : L'ANTI-STALINE ?

Léon Trotski a tout pour déplaire à Staline. D'abord, c'est un fils de riches paysans juifs. En plus, il a fait de solides études de droit. Bref, c'est un intellectuel. Les deux hommes ont pourtant des points communs. Comme Staline, Trotski est entré jeune dans le mouvement révolutionnaire. Il a connu la clandestinité, les arrestations et l'exil en Sibérie. Contrairement à Staline, il a choisi en 1903 la tendance menchevik. Il ne se ralliera aux bolcheviks qu'en juillet 1917, après la première révolution ! Son ascension politique est alors fulgurante. En moins d'un an, il est membre du Comité central, président du soviet de Petrograd, puis commissaire aux Affaires étrangères ! Il joue un rôle de premier plan dans la révolution d'Octobre. Nommé commissaire à la guerre, il organise la victoire de l'Armée rouge. C'est, selon Lénine, « la personne la plus capable du Comité central ».

TROTSKI PERSÉCUTÉ

Staline ne supporte pas cet intellectuel orgueilleux. Il multiplie les mauvais coups à son encontre. Pendant la guerre civile, il n'hésite pas à faire fusiller les anciens officiers tsaristes que Trotski avait recrutés dans l'Armée rouge. En 1923, il forme avec Kamenev et Zinoviev un trio, une « troïka », pour éliminer politiquement les partisans de Trotski. À la mort de Lénine, il trompe Trotski sur la date des funérailles afin que celui-ci n'y assiste pas. Il organise même une véritable campagne politique et médiatique contre le « trotskisme », considéré comme « antiléniniste » et « petit-bourgeois ». Trotski est démis de son poste de commissaire à la guerre en 1925. Il tente vainement d'organiser un mouvement d'opposition à Staline au sein du Parti, mais ses jours sont comptés… En 1927, il est exclu du Parti. Deux ans plus tard, il est expulsé du pays. Staline est désormais le maître incontesté de l'URSS.

> **LA IVe INTERNATIONALE CONTRE LA IIIe INTERNATIONALE**
> *Fondée en 1919, la IIIe Internationale regroupe dans une même organisation tous les partis communistes du monde, mais elle devient vite une arme au service de la dictature stalinienne. Aussi, en 1938, Trotski fonde-t-il la IVe Internationale, une institution rivale qui réunit tous les communistes opposés à Staline.*

L'INCENDIE CONTRE LE GLACIER

Tout les sépare… surtout leurs idées. Trotski est favorable à la révolution permanente et internationale. Staline pense au contraire qu'il faut « construire le socialisme dans un seul pays » : l'URSS. Pour l'un, la révolution doit être un « incendie » mondial, pour l'autre un « glacier ». Opposé à la dictature politique, Trotski veut moins de bureaucratie et plus de démocratie au sein du Parti.

L'HOMME À ABATTRE

Lorsque Staline apprend la création de la IVe Internationale, il prend peur. Il considère cette organisation comme une menace pour son pouvoir. En 1940, il décide d'éliminer Trotski par tous les moyens. Il organise depuis Moscou un premier attentat contre lui, au Mexique, où l'homme s'est réfugié en 1937. L'opération échoue. Staline récidive en août 1940. Un espion, Ramon Mercader, réussit à assassiner Trotski à coups de piolet. En récompense, il sera même décoré de l'ordre des Héros de l'URSS !

LA MORT DE LÉNINE
Lénine meurt le 21 janvier 1924. Chargé des funérailles, Staline organise un culte en son honneur et décide même de faire momifier son cadavre ! Il tente aussi de figer pour l'éternité sa pensée. Les idées de Lénine sont déformées et réduites à une série de maximes publiées dans « Les bases du léninisme ».

L'URSS, PARADIS

« Nous avons de cinquante à cent ans de retard sur les pays avancés. Nous devons couvrir cette distance en dix ans », affirme Staline. Pour rattraper ce retard, il n'hésite pas à sacrifier son peuple.

LA COLLECTIVISATION DES CAMPAGNES

Les résultats de la nouvelle politique économique sont positifs. L'URSS a retrouvé le niveau économique de la Russie de 1914, mais les villes sont de plus en plus mal ravitaillées en produits agricoles. Pour Staline, les coupables sont les paysans riches (les koulaks), accusés de bloquer les livraisons pour faire grimper les prix. Il s'attaque aussi à l'agriculture, jugée trop archaïque et pas assez productive. Dès 1928, il prend les commandes de l'économie soviétique et impose un plan obligatoire sur cinq ans. Un an plus tard, il lance la collectivisation totale des campagnes : 70 % des terres passent brutalement sous le contrôle de l'État.

> **SÉJOURS TOURISTIQUES EN URSS**
> *Des personnalités du monde entier sont invitées en URSS pour admirer les réussites du stalinisme. Au programme : banquets, visite (surveillée et encadrée) de fermes modèles, rencontres avec des paysans (en fait des figurants). En voyant tous ces gens en bonne santé, Édouard Herriot plaisantera : « Regardez-moi ces affamés ! » André Gide sera plus lucide. Dès son retour en France, il condamnera le stalinisme.*

AFFAMER POUR EXPORTER

L'agriculture est tout entière soumise à l'État soviétique, qui absorbe jusqu'à 30 % de la production agricole ! Des armées d'ouvriers sont envoyées dans les campagnes pour réquisitionner le blé, et ce par tous les moyens : menaces, tortures, exécutions... Mais les paysans résistent à la collectivisation. Ils abattent leurs troupeaux pour éviter qu'ils ne passent sous le contrôle de l'État. Le résultat, c'est une gigantesque famine, qui fait près de 6 millions de morts entre 1932 et 1933. En Ukraine, des femmes affamées vont jusqu'à manger leurs enfants. On vend même sur certains marchés du pâté de chair humaine ! Pendant ce temps-là, l'URSS exporte près de 2 millions de tonnes de céréales et en stocke 3 millions !

« À TOUTE VAPEUR SUR LA VOIE DE L'INDUSTRIALISATION »

Staline veut aussi « moderniser » l'industrie afin que l'URSS rivalise avec l'Europe et les États-Unis. La priorité est donnée à l'industrie lourde, mais les objectifs fixés sont irréalisables : ils prévoient une augmentation de la production industrielle de 136 % ! Staline veut réaliser le plan, coûte

DU COMMUNISME

que coûte. Il fait édifier de vastes complexes industriels dans des régions sauvages, comme Magnitogorsk, au pied de l'Oural. En 1931, il instaure même le travail forcé. Des dizaines de milliers de détenus sont envoyés, deux ans plus tard, dans le nord de la Russie pour creuser un canal entre la mer Blanche et la mer Baltique ; 20 % d'entre eux mourront de froid, de fatigue ou de maladie.

Stakhanov, l'imposteur

Le 31 août 1935, le mineur Alexeï Stakhanov réussit à extraire 102 tonnes de charbon en six heures. C'est quatorze fois la production d'un ouvrier normal ! Stakhanov est aussitôt transformé en héros soviétique. Staline l'utilise comme modèle au service de sa politique, mais cet exploit n'est qu'une mystification. Stakhanov a en fait été aidé dans son travail par deux autres mineurs.

Un bilan désastreux

L'industrialisation forcée tourne au drame. Des pans entiers de l'économie sont sacrifiés. Des biens de consommation courante ne sont plus fabriqués et viennent à manquer. On ne construit presque plus de logements. Les grands projets de Staline sont de gigantesques gâchis. Les hauts fourneaux de Magnitogorsk ne cessent de tomber en panne. Quant au canal mer Blanche-mer Baltique, il est gelé la moitié de l'année, donc quasiment inutilisable !

L'ennemi n° 1 : le koulak
Staline organise une impitoyable chasse aux koulaks, considérés comme des « ennemis de classe ». Presque 2 millions d'entre eux sont déportés et abandonnés en Sibérie ; 300 000 périront dans des conditions épouvantables.

L'ALBUM DE PHOTOS DE STALINE

BUREAU DU IXᴱ CONGRÈS DU PARTI COMMUNISTE EN MARS 1920
À l'extrême droite sur la photo, on reconnaît Lénine.

PARTIE D'ÉCHECS ENTRE LÉNINE (À GAUCHE) ET BOGDANOV
Au centre de la photo, le personnage en costume est Bazarov. Dans la version expurgée, on élimine Bazarov qui s'était opposé à Lénine.

Rien ne peut arrêter le délire paranoïaque de Staline ! Documents trafiqués, procès truqués, manipulations, exécutions sommaires… Staline réécrit l'histoire… Il falsifie les derniers témoignages du passé : les photos.

Les grands procès de Moscou

Le 1er décembre 1934, Kirov, un des plus proches compagnons de Staline, est assassiné. Staline enrage… Il fait arrêter le coupable, Nikolaiev, et crie au complot. En août 1936, il organise un premier grand procès pour traquer les conspirateurs. Au banc des 16 accusés figurent la plupart des anciens compagnons de Lénine, notamment Zinoviev et Kamenev. Interrogés, brutalisés, manipulés, ils craquent au bout de trois jours. Pour rester en vie, ils n'hésitent pas à reconnaître des actes qu'ils n'ont jamais commis. Ils avouent ainsi qu'ils appartiennent à un groupe terroriste « trotskiste » et qu'ils ont participé à l'assassinat de Kirov ! Le verdict est sans appel : tous seront condamnés à mort et exécutés. Un deuxième procès s'ouvre en janvier 1937. Cette fois, les inculpés sont accusés à tort d'avoir trahi l'URSS et saboté l'économie soviétique. Treize d'entre eux seront fusillés. Parmi eux, presque tous les chefs de l'Armée rouge, notamment le maréchal Toukhatchevski. Un troisième procès est même organisé en mars 1938 ! Le théoricien du Parti, Boukharine, est accusé d'avoir tenté d'assassiner Lénine en 1918. Il sera condamné à mort et fusillé peu après.

Un parti décimé

70 % des membres du Comité central et 714 généraux ont été tués. La nouvelle police politique, le NKVD, arrête 1,5 million de personnes et en exécute 680 000 entre 1937 et 1938 ! Un coup de folie aveugle ? Pas seulement. Staline s'est ainsi débarrassé des membres historiques du Parti : vieux révolutionnaires, anciens compagnons de Lénine… bref, tous ceux qui auraient pu remettre en question son pouvoir. Selon certaines sources, c'est Staline lui-même qui aurait orchestré le meurtre de Kirov pour lancer cette gigantesque purge, mais aucune preuve sérieuse ne vient confirmer cette hypothèse.

Le grand trucage

Pour masquer l'horreur de sa politique, Staline truque les documents. Il fausse les statistiques en annonçant, en 1933, une récolte de blé de 89,8 millions de tonnes. Il signale même une augmentation de la population soviétique de plus de 7 millions d'habitants entre 1930 et 1933 ! En réalité, la récolte de 1933 atteint à peine les 69 millions de tonnes ; quant à la population, elle a diminué de 6 millions de personnes !

La famille Staline : un enfer !
Staline sème aussi la terreur dans sa propre famille. Il traite son fils aîné, Jacob, comme un paria. Le jeune homme tentera plusieurs fois de se suicider. Quant à sa seconde épouse, Nadedja Alliluieva, elle se tirera une balle dans la tête en novembre 1932. Staline maquillera ce suicide en… crise d'appendicite foudroyante. L'exception, c'est sa fille, Svetlana, l'enfant chérie et protégée.

Lénine haranguant les troupes
Sans doute la plus célèbre photo de toute la Révolution. Après l'exil de Trotski, on le supprime sur l'escalier à droite de l'image.

Photo du haut : la porte du bureau de Trotski
Sur la photo du bas le bureau de Trotski devient le bureau de Lénine.

FRÈRES OU FRÈRES

Étonnant ! Les deux plus grands dictateurs de l'histoire qui vont mener une guerre d'une violence inouïe se ressemblent en fait comme deux frères.

STALINE-HITLER : DEUX ENNEMIS FAROUCHES

Un des objectifs d'Hitler est la conquête d'un « espace vital » vers l'est de l'Europe et la Russie. Il considère les Slaves habitant ces terres comme une race inférieure condamnée à être l'esclave du peuple allemand. En effet, son idéologie conquérante et raciste affirme que les Allemands sont la « race des seigneurs », ils doivent commander aux autres peuples et exterminer les Juifs.

Pour atteindre son but, Hitler doit abattre l'URSS, foyer du communisme qui représente à ses yeux l'incarnation du « mal absolu » et le « résultat du complot juif sur la domination du monde ». À la tête du parti nazi, le Führer met en œuvre une politique étrangère visant ouvertement à la domination du monde. Avec de telles idées, Hitler entraîne la planète dans la guerre.

Staline se méfie d'un régime qui fait de la lutte contre le communisme un objectif prioritaire, aussi préconise-t-il l'unité d'action de tous les partis communistes, le Komintern, avec les autres forces antifascistes au sein de fronts populaires.

Immédiatement, en 1936, Hitler met sur pied une alliance pour arrêter la progression des communistes à travers le monde. Il signe le pacte anti-Komintern avec le Japon puis l'Italie, pacte tourné contre l'URSS.

Lorsque éclate la guerre d'Espagne, en 1936, Hitler et Mussolini accordent une aide massive aux nationalistes du général Franco alors que Staline aide le camp républicain.

À partir de 1938, Hitler annexe l'Autriche, occupe la Tchécoslovaquie. Il envahit la Pologne le 1er septembre 1939, ce qui provoque l'intervention de la France et de l'Angleterre. C'est le déclenchement de la Seconde Guerre mondiale.

ENNEMIS DE SANG ?

Staline et Hitler se ressemblent comme des frères

Staline éprouve envers le Führer triomphant à la fois de la frayeur et de la fascination. Il pense se trouver face à un rival digne de lui, et il semble que cette estime soit réciproque. Pour Hitler, Staline (qu'il appelle le « rusé caucasien ») « est un génie qui sait se faire obéir ». « Lui et moi pourrons faire trembler le monde », affirme-t-il. Alors que Roosevelt est un « cerveau malade » et Churchill « une canaille », le seul à trouver grâce à ses yeux est Staline. Plusieurs fois, il a confié devant témoins « quel type génial » est le dictateur soviétique « devant lequel il s'incline avec respect »...

Tous deux sont à la tête d'un État totalitaire

Comme Hitler, Staline est un dictateur : il concentre entre ses mains tous les pouvoirs. Ainsi est-il, à la fois, à la tête du parti, à celle du gouvernement et à celle de l'État. Tous deux s'autoproclament « guide suprême » de leur peuple. Ils réclament de leur population une totale obéissance, et font l'objet d'un véritable culte de la personnalité.

Leur socialisme nationaliste les rapproche aussi. Dans les deux pays, la violence d'État développe une politique de terreur contre des groupes sociaux entiers : en Allemagne, les Juifs et les communistes, mais aussi les libéraux ou l'Église ; en URSS, les paysans enrichis, les croyants, les vieux communistes, les minorités nationales ainsi que tous les opposants virtuels. Tous deux éprouvent la même hostilité à l'égard des personnes trop brillantes et des intellectuels.

Totalitarisme : parti unique, propagande et terreur de masse

L'État totalitaire contrôle l'ensemble de la société avec le désir d'englober la totalité de la vie nationale (religieuse, économique, politique, artistique, syndicale). Le pouvoir appartient à un seul parti. La pensée n'est pas libre. Ces régimes instituent un contrôle et un embrigadement de tous les instants de l'individu par l'État, grâce notamment à une puissante police politique.

LE PACTE GERMANO-SOVIÉTIQUE...

Tandis que les différentes puissances continuent de s'organiser en vue d'une guerre devenue inéluctable, la signature du pacte germano-soviétique apparaît comme une alliance contre nature, celle de la carpe et du lapin !

STALINE A LA HANTISE D'UNE GUERRE SUR DEUX FRONTS...

Cette alliance contre nature entre deux adversaires idéologiques résolus semble inconcevable... Staline a tout intérêt de s'opposer aux rêves d'expansion vers l'est de l'« espace vital » allemand. Hitler, lui, répétait : « Je hais le bolchevisme ! Je hais les Russes ! Tant que je serais là, on ne parlera pas à ces gens-là ! »

Maintenant que la guerre menace, Staline se voit placé devant un choix :
– soit tenter de repousser au maximum l'échéance de la guerre car il juge son armée encore trop faible pour être lancée dans un conflit où il serait obligé de combattre sur deux fronts, à l'ouest, contre l'Allemagne, mais aussi à l'est, contre le Japon ;
– soit finaliser les négociations entamées pour s'allier avec l'Angleterre et la France. Depuis des mois, les démocraties proposent un pacte d'assistance mutuelle mais rechignent à faire des concessions et à contrarier leur allié polonais.

Dès mars 1939, Staline tend une perche au dictateur nazi en déclarant qu'aucune tension ne devrait exister entre l'URSS et l'Allemagne. Il abandonne publiquement son antifascisme fanatique et annonce maintenant qu'il faut se méfier des visées de l'Angleterre et de la France.

Comme Staline, Hitler vit dans la hantise de devoir livrer une guerre sur deux fronts. Il veut avoir les mains libres à l'ouest pour vaincre les démocraties, puis se retourner contre l'URSS. Lui est prêt à faire à Staline des propositions autrement plus alléchantes.

Le 11 août, Staline propose d'engager rapidement des négociations.

HITLER RONGE SON FREIN AVEC UNE NERVOSITÉ CROISSANTE

Staline veut, pour assurer la sécurité de l'URSS, avoir les mains libres de la

Baltique à la mer Noire. Dès le 17, Hitler accepte de lui garantir les États baltes et d'intervenir auprès du Japon. Le 20 août, un accord commercial est signé à Berlin et, le soir même, Hitler insiste pour que Staline reçoive son envoyé, Molotov, le 22 août, au plus tard le 23. Il lui télégraphie : « La tension entre l'Allemagne et la Pologne est devenue intolérable. » Car Hitler a depuis longtemps programmé l'attaque de la Pologne le 26 août…

Quand Staline lit le message du chancelier allemand, une lueur indéfinissable passe dans ses yeux : il a compris que, dès la signature du pacte, l'Allemagne va foncer sur la Pologne.

Hitler attend la réponse de Staline et ronge son frein durant toute la journée du 21 avec une nervosité croissante. Quand la réponse de Staline lui parvient, Hitler explose littéralement de joie et crie : « À présent, j'ai le monde dans ma poche ! »

Le pacte est signé à la santé du Führer !

Tard dans la nuit du 23 août 1939, au Kremlin, le commissaire soviétique aux Affaires étrangères, Molotov, et le ministre allemand des Affaires étrangères, von Ribbentrop, signent un pacte de non-agression valable pour dix ans. Un protocole secret divise en « sphères d'influence l'Europe orientale ». Il prévoit le partage de la Pologne et, laissant à Staline les mains libres en Lettonie, en Estonie, en Finlande et en Bessarabie, le territoire de la Roumanie.

Au gala qui suit la signature, Staline porte un toast à la santé d'Hitler : « Je sais l'amour que la nation allemande porte à son Führer. J'aimerais donc boire à sa santé. »

En signant le pacte, Staline a volontairement scellé le destin de la Pologne ; il partage ainsi la responsabilité du déclenchement de la Seconde Guerre mondiale.

…L'ALLIANCE DE LA CARPE ET DU LAPIN

Les journaux du monde entier montrent l'ambassadeur allemand von Ribbentrop au Kremlin serrant, d'une poignée de main « franche et cordiale », la main de Staline.

OPÉRATION BARBAROSSA

Staline, le roi du double-jeu, lui qui a toujours roulé son monde, s'est fait avoir à son propre jeu par plus fort que lui… Le 22 juin 1941, Hitler attaque l'URSS ; le dictateur russe n'en revient pas, il en reste bouche bée !

Surtout ne rien faire pour contrarier Hitler !

Quand, le 14 juin 1940, Staline apprend l'écrasement des forces anglo-françaises et l'occupation de Paris, il craque complètement et court à travers son bureau en injuriant Français et Anglais. Depuis le déclenchement de la guerre, il espérait que les puissances occidentales allaient s'entredéchirer dans un long conflit, et voilà qu'en moins d'un mois tout est joué. Staline comprend qu'après l'effondrement de la France son tour est venu. En effet, le 18 décembre 1940, Hitler signe l'ordre secret Barbarossa, nom de code du plan d'invasion de l'URSS prévu pour le printemps 1941.

Une peur panique saisit Staline. Il sait que l'Armée rouge ne sera prête, dans le meilleur des cas, qu'en 1942. Il pense qu'il faut gagner du temps, et tout faire pour ne pas irriter Hitler. Jusqu'au 22 juin, dans un pays où le retard est instauré comme système, Staline fait livrer en temps et en heure toutes les marchandises prévues par l'accord commercial. L'URSS est donc le premier fournisseur de la machine de guerre allemande…

Staline refuse de croire aux avertissements !

Effrayé et aveuglé, Staline reste sourd aux avertissements qu'il reçoit et qui le préviennent de l'imminence de l'invasion. Il soupçonne tout le monde de double jeu, son entourage, Churchill, ses propres espions. Au chef des services secrets qui insiste, il répond: « Dites à votre "source" d'aller se faire f…, ce n'est pas une source mais un désinformateur. » Ce qui frappe cependant, c'est l'aspect chaotique et incohérent dans lequel se fait la préparation de l'Armée rouge. Le manque d'encadrement est dramatique. Il y a peu d'officiers de valeur, car ils ont tous été fusillés lors des grandes purges de 1938. La confusion est partout, et les divisions militaires qui devraient couvrir la frontière sont toujours en cours de formation. L'insuffisance d'entraînement de l'armée est évidente. Les chaînes de construction de l'industrie d'armement commencent à peine à fonctionner. Les nouveaux modèles de chars T34 et d'avions n'arriveront qu'au début 1942.

Quand, le 22 juin 1941 à 3 h 15 du matin, 4 millions de soldats, 3 400 chars et 2 500 avions déferlent sur l'URSS, non seulement l'Armée rouge n'est pas prête mais, en plus, elle n'est même pas en état d'alerte…

Plusieurs semaines durant, la passivité de Staline est stupéfiante. Il ne sait comment réagir. Pendant la première journée, il interdit même de riposter aux tirs des troupes allemandes… Il refuse de s'adresser au peuple russe par la radio. Englué par vingt années d'intrigues, de lentes et savantes manipulations, il ne sait comment réagir face à la « guerre-éclair » allemande, qui exige des décisions et des réactions rapides. Lui, Staline, qui a constamment roulé tout le monde, s'est fait rouler comme un enfant de chœur, un bleu, par plus fort que lui…

Opération Barbarossa (Barberousse)

L'Armée rouge démoralisée est submergée. Trois corps d'armée allemands foncent à toute allure. L'un avance vers Leningrad, le second vers Moscou, et le troisième en direction de Kiev. En trois mois de campagne, la Wehrmacht arrive dans les faubourgs de Moscou, Leningrad est assiégée et Kiev conquise. Les armées soviétiques ont perdu 3 millions d'hommes, 8 000 chars d'assaut et 15 000 canons !

IL N'A RIEN ÉCOUTÉ
IL N'A RIEN VU
IL RESTE SANS VOIX

Staline ne connaît qu'une seule tactique : la « chair à canon »...

Nul ne peut reculer sous peine d'être fusillé !

Staline ne possède aucun sens stratégique, ni aucune formation militaire solide. Sa seule expérience, il la tient de la guerre civile. Elle consiste en des manœuvres sommaires et des charges hurlantes de cavalerie... Il utilise ses méthodes habituelles de terreur : il décrète que tout soldat russe qui se rend à l'ennemi est un traître à sa patrie. Plus tard, il interdira tout recul face à l'adversaire sous peine d'être fusillé. Sa seule stratégie est le sacrifice de milliers d'hommes dans des contre-attaques frontales, où certains soldats sont obligés de marcher derrière leurs compagnons et d'attendre que l'un d'entre eux tombe pour ramasser son fusil. À l'arrière se tiennent des nids de mitrailleuses qui interdisent tout recul éventuel aux fuyards...

On n'échange pas un maréchal contre un capitaine !

En dépit de la panique qui règne à Moscou, Staline entretient la terreur et fait exécuter des centaines d'officiers supérieurs, dont plusieurs commandants en chef. Le 16 juillet 1941, le fils aîné de Staline est fait prisonnier par les Allemands. Les avions allemands lâchent une pluie de tracts incitant les soldats russes à « suivre son exemple » et à se rendre. Finalement, Hitler propose à Staline d'échanger son fils contre le maréchal von Paulus, ce qui sera refusé sous prétexte qu'on n'échange pas un maréchal contre un simple capitaine... Le fils de Staline sera interné au camp de Sachsenhausen, où il sera abattu en avril 1943. Staline en est sûr : la Wehrmacht foncera d'abord sur l'Ukraine et sur le Caucase pour s'emparer du pétrole de Bakou. L'infanterie reçoit tout d'abord l'ordre de contre-attaquer, ce qui est impossible, puis on lui interdit de battre en retraite, la condamnant alors à la destruction massive ou à la capture.

L'offensive allemande stoppée devant Moscou

Cependant, comme pour Napoléon, l'immensité du territoire russe et la rigueur de l'hiver jouent en faveur de l'URSS. En novembre, des pluies diluviennes transforment le front en un océan de boue, puis, le 2 décembre, le thermomètre tombe à - 35 °C.

Le 7 octobre 1941, Staline nomme le maréchal Joukov commandant des forces chargées de défendre Moscou. Il vient de recevoir de l'espion soviétique Sorge l'assurance que les Japonais, trop occupés à préparer leur attaque contre les USA, ne frapperont pas l'URSS. Staline et Joukov peuvent ainsi transférer plus de 400 000 hommes de troupes fraîches

venues de Sibérie, plus aguerris et bien équipés pour l'hiver. Or 80 % des soldats allemands combattent toujours en uniforme d'été, l'état-major ayant calculé que l'offensive devait être terminée en dix semaines. Grâce aux renforts sibériens et aux terribles conditions climatiques, l'offensive de la Wehrmacht échoue à 30 kilomètres à peine de Moscou. Le 6 décembre 1941, les Russes contre-attaquent et, en quelques jours, l'armée allemande bousculée doit battre en retraite, abandonnant de nombreux véhicules et autres armements rendus inutilisables par le froid. Une terrible guerre d'usure commence...

Le massacre de Katyn

Staline met en œuvre l'élimination systématique des élites polonaises. Il commence par le meurtre de sang-froid, au printemps 1940, de plus de 15 000 officiers polonais ; les corps de 4 500 d'entre eux seront enterrés dans le bois de Katyn. Longtemps nié par le Kremlin, ce crime a été enfin reconnu par Moscou en 1990. Les victimes, qui avaient les mains liées dans le dos avec des cordelettes (ou du fil de fer) avaient été abattus d'une balle dans la tête.

À Stalingrad, la ville qui porte et sacralise le nom de Staline, a lieu le tournant de la Seconde Guerre mondiale.

La ville symbole ne peut capituler

Le 28 juin 1942, la Wehrmacht se lance à l'assaut du sud de la Russie et du Caucase, riche en pétrole. L'Armée rouge recule désespérément vers la Volga. Fin août, les forces allemandes atteignent Stalingrad, ville industrielle de 600 000 habitants et nœud de communication important.

Les avions de la Luftwaffe écrasent la ville sous les bombes et la réduisent en un amas de ruines. Staline refuse tout d'abord d'autoriser l'évacuation de la ville par les civils, qui doivent se terrer dans les caves sans eau ni nourriture. Le dictateur russe renouvelle ces ordres fameux : « Pas un pas en arrière ! Les lâches et les traîtres qui reculent seront fusillés ! » Les troupes spéciales du NKVD abattent les soldats qui osent reculer, tout comme les civils qui tentent de gagner les lignes allemandes. On a ainsi pu recenser près de 14 000 soldats russes fusillés par les leurs. Les officiers aussi ne sont pas épargnés, même les généraux, puisque 42 d'entre eux seront exécutés pour la seule année 1942.

Les combats de rue sont d'une violence inouïe. Chaque bâtiment, chaque usine fait l'objet de corps à corps acharnés. Fin octobre, l'armée allemande (forte de 330 000 hommes) se rend maîtresse de la majeure partie de la ville.

La Wehrmacht n'est plus qu'à 150 mètres de la Volga, mais ses pertes, elles aussi, sont énormes. Le ravitaillement commence à manquer et l'hiver est là. Hitler pourtant n'en démord pas : « Nous prendrons la ville de Staline, et aucune force au monde ne pourra nous en faire sortir ! »

UNE VILLE QUI PORTE LE NOM DE

Les Russes contre-attaquent !

Joukov et Vassilevski élaborent un plan audacieux, nommé « opération Uranus », dont Staline s'arrogera la paternité. Face aux troupes roumaines chargées de couvrir les flancs de l'armée allemande, ils réussissent à concentrer des troupes fraîches. Les Russes frappent le 19 novembre, anéantissent les Roumains et prennent la Wehrmacht en tenaille : 200 000 soldats allemands sont pris au piège. Hitler ne les autorise pas à percer pour rompre l'encerclement, il leur ordonne de tenir à n'importe quel prix ! Quartier par quartier, les Soviétiques reconquièrent la ville, mais jusqu'au bout le maréchal von Paulus respecte les ordres d'Hitler : ses hommes, à moitié morts de faim et de froid, poursuivent le combat. Finalement, le 2 février 1943, von Paulus, 22 généraux et 90 000 survivants affamés se rendent aux Russes. Après la guerre, seulement 9 000 d'entre eux reviendront des camps de prisonniers en Sibérie.

Le tournant de la guerre !

Cette victoire soviétique décisive arrête la progression des armées allemandes, et surtout constitue pour les Alliés une victoire psychologique. Celle-ci galvanise les énergies et rend possible la victoire finale sur les puissances de l'Axe. Elle devient aussitôt un mythe, un symbole, Stalingrad, la ville de Staline, représentant le tombeau des armées nazies.

Après la guerre, le prestige de la victoire de Stalingrad sera tel que, pour la majorité des Français, le principal vainqueur du conflit est le régime communiste soviétique.

STALINGRAD NE PEUT PAS TOMBER

À partir de 1944, les Allemands reculent sur tous les fronts. L'Armée rouge occupe la Prusse orientale, la Pologne, la Roumanie, la Bulgarie et la Hongrie. Staline est en position de force pour décider du sort d'une grande partie de l'Europe…

La grande comédie stalinienne de la conférence de Téhéran !

Staline est manifestement un grand acteur. Durant les conférences, il sait manœuvrer ses interlocuteurs. Tantôt il peut incarner un homme charmant, modeste et même sympathique, tantôt il peut être d'une cruauté et d'un cynisme rarement égalés. Peu sûr de sa personne, Staline s'est fait faire un magnifique uniforme de maréchal pour impressionner Roosevelt et Churchill. Il est vêtu d'un pantalon à bandes rouges qu'il glisse dans de splendides bottes caucasiennes. Il porte même des talonnettes qui le font paraître beaucoup plus grand que son 1,62 mètre… Enfin, il évite les éclairages trop forts pour ne pas mettre en évidence son visage, ravagé par la variole.

Ainsi, durant la conférence de Téhéran, réunie du 28 novembre au 1er décembre 1943, Staline avale une étonnante quantité de vodka et oblige Roosevelt et Churchill à faire de même. Tout à coup, il suggère d'exécuter 50 000 militaires allemands au moment de la victoire. Churchill, outragé, rugit : « Je préfère sortir d'ici tout de suite et me tirer une balle dans la tête que souiller mon honneur d'une telle infamie. » Staline alors éclate de rire, et s'empresse de dire que tout cela n'était qu'une « petite plaisanterie »…

Les trois hommes tombent cependant d'accord pour opérer en mai 1944 un vaste débarquement à l'ouest.

Yalta et Potsdam : le partage du monde ?

Du 4 au 11 février 1945, Staline, Roosevelt et Churchill se retrouvent pour préparer la paix alors que la défaite de l'Allemagne semble certaine. Staline exige que l'entrevue des trois grands ait lieu en terre soviétique, d'abord parce qu'il a horreur de se déplacer (il a même une peur phobique de l'avion !), ensuite parce qu'il entend démontrer qu'il est le plus grand : « Vous viendrez chez moi ou la conférence n'aura pas lieu ! »

De nombreuses personnes dans l'entourage de Roosevelt, à commencer par Churchill, le mettent en garde contre les visées impérialistes de celui qu'il nomme maintenant l'« Oncle Joe » : « Quand Staline obtient quelque chose pour rien, en retour il pense automatiquement que son interlocuteur est un imbécile… » Le président des États-Unis n'est pas de cet avis, et il pense pouvoir s'entendre avec le « rusé caucasien ».

LES PLUS GRANDS RÔLES DE STALINE

Le rapport des forces militaires est favorable à Staline : ses armées ne sont plus qu'à 60 kilomètres de Berlin. Il est en mesure d'obtenir de nombreuses concessions de la part d'un Roosevelt affaibli par la maladie, malgré un Churchill conscient du déclin de l'empire britannique.

Staline s'engage à procéder à des élections libres dans les pays libérés par son armée, mais il installe partout les communistes au pouvoir. Il obtient de conserver les territoires polonais et les pays baltes, annexés en 1940. Des droits lui sont également reconnus sur des territoires en Asie. En échange, il s'engage à intervenir contre le Japon, trois mois après la défaite de l'Allemagne. C'est aussi à Yalta qu'est décidée la création de l'ONU.

À la conférence de Potsdam (banlieue de Berlin), qui s'ouvre le 17 juillet 1945, Staline, Truman (Roosevelt est mort en avril) et Churchill règlent les problèmes en suspens concernant le sort de l'Allemagne. Staline voyage en train. Le convoi comprend une escorte de protection démesurée avec, de Moscou à Postdam, un soldat tous les kilomètres !

Le crime de Staline contre Varsovie

Du 1er août au 5 octobre 1944 a lieu la révolte de la résistance polonaise contre les Allemands. Alors que son armée aurait dû leur apporter son soutien, Staline décide, pour assouvir sa volonté d'expansion communiste en Europe, de rester l'arme au pied. Il laisse mourir 200 000 Polonais qui lui auraient donné bien du fil à retordre…

: TÉHÉRAN, YALTA, POTSDAM

L'une des conséquences de la Seconde Guerre mondiale est le partage du monde en deux zones d'influence, l'un menée par les États-Unis, pays capitaliste, et l'autre dirigée d'une main de fer par l'URSS, pays communiste.

Un rideau de fer s'abat à travers toute l'Europe !

Dès 1946, la volonté de Staline de construire en Europe orientale une zone d'influence soviétique devient évidente. Il décide d'aller à l'encontre des accords signés à Yalta et d'empêcher les élections démocratiques qui devaient avoir lieu. Partout où l'Armée rouge est présente (Pologne, Hongrie, Roumanie, Bulgarie et Tchécoslovaquie), les communistes s'emparent du pouvoir.

Le bloc soviétique va regrouper derrière l'URSS tous les pays de l'Europe de l'Est. Lors d'un discours à l'université de Fulton, le 5 mars 1946, Churchill peut même déclarer : « De Stettin, sur la Baltique, à Trieste, sur l'Adriatique, un rideau de fer vient de s'abattre à travers toute l'Europe. »

Truman élève une digue de dollars contre le communisme

L'année 1947 est terrible : la pénurie alimentaire règne partout. Les Américains craignent que la crise économique et la misère persistantes ne favorisent également en Europe de l'Ouest une progression révolutionnaire et communiste. En mars 1947, le président Truman propose l'aide économique des USA pour la reconstruction de tout le continent européen : c'est le plan Marshall, vite accepté par les pays de l'ouest de l'Europe. Staline

refuse cette offre. Truman en profite pour exposer sa doctrine : tout gouvernement qui manifeste sa volonté de se défendre contre le communisme a droit à l'aide américaine. Son objectif est de contenir (d'endiguer) l'expansion de l'URSS et d'aider le « monde libre » à se protéger. Staline, quant à lui, voit dans le plan Marshall une véritable machine de guerre capable de contrecarrer l'influence soviétique dans les pays d'Europe de l'Est, aussi interdit-il à ces pays d'accepter l'aide américaine.

Est contre Ouest : l'affrontement des deux blocs

Les deux superpuissances – les États-Unis et l'URSS – se déclarent une guerre politique, économique et idéologique. Cependant, devant le risque d'une conflagration atomique mondiale, cette guerre n'évoluera pas en conflit armé direct : elle restera une « guerre froide ».

C'est à Berlin qu'a lieu la première crise. Suivant la conférence de Postdam, l'Allemagne est divisée en quatre zones d'occupation réparties entre les quatre vainqueurs de la guerre. Berlin, la capitale historique, est elle aussi divisée en quatre zones. Pour protester contre l'unification progressive des trois zones américaine, anglaise et française, Staline déclenche en juin 1948 le blocus de Berlin-Ouest. Truman réplique en établissant un formidable pont aérien qui permet de ravitailler la ville. Après onze mois de tension, Staline lève le blocus. En 1949, l'Allemagne est définitivement coupée en deux : d'un côté la République fédérale d'Allemagne (RFA), et de l'autre, la République démocratique allemande (RDA).

ILS PARLENT D'UNE SEULE VOIX, CELLE DE STALINE

Désormais, Staline exige des partis communistes européens une soumission totale. Presque tous les pays d'Europe de l'Est deviennent des satellites de l'URSS. Moscou impose même ses ordres aux partis communistes d'Europe de l'Ouest.

L'URSS n'est plus le seul pays communiste au monde...

Les gouvernements de toute l'Europe orientale sont aux mains des communistes. Leur politique, intérieure et étrangère, est conduite par le maître du Kremlin lui-même.

À l'arme économique américaine, Staline réplique par l'arme idéologique, avec la création du Kominform. Cette organisation doit resserrer les liens des partis communistes européens avec Moscou. Six sont à l'est (les partis polonais, roumain, bulgare, hongrois, tchécoslovaque et yougoslave) et deux sont à l'ouest (les partis français et italien).

Dès 1949, la russification du nouvel empire de Staline semble achevée. Un maréchal de l'Armée rouge est même nommé ministre de la Défense en Pologne. Dans tous les pays satellites, on élimine les communistes qui ne sont pas considérés comme des agents russes fidèles.

Staline entend renforcer son contrôle sur les partis communistes français et italien, qui participent depuis 1945 à des gouvernements qualifiés de « bourgeois ». Ainsi les dirigeants du PC français,

comme Maurice Thorez et Jacques Duclos, sont-ils sérieusement sermonnés par Staline. Dorénavant, ils doivent s'aligner aveuglément sur la politique dictée par Moscou et devenir des valets dociles. Ils doivent quitter les gouvernements et déclencher des mouvements de protestation, voire des grèves insurrectionnelles.

Maurice Thorez dira : « De tout notre cœur, nous proclamons notre amour ardent pour Staline et nous l'assuront de notre confiance inébranlable. » D'autres chefs, comme le secrétaire général du PC italien Togliatti, sauront faire preuve d'indépendance.

Le monde séparé en deux camps

En septembre 1947, Andreï Jdanov, stalinien zélé, affirme que le monde est maintenant séparé en deux. On doit choisir entre deux camps : le camp impérialiste et de la guerre, dirigé par les États-Unis, et le camp anti-impérialiste et de la paix, dirigé par l'URSS.

En 1949, la Chine devient communiste et s'allie à l'URSS. Ils forment ensemble un bloc communiste de plus d'un milliard de personnes. Les pays capitalistes vivent dans la peur constante de voir le communisme s'étendre au monde entier. Staline teste la résistance du « monde libre » en déclenchant des crises dans les zones de contact des deux blocs. Après Berlin, c'est au tour de la Corée.

Partout l'exaltation de Staline atteint des sommets…

À l'occasion du soixante-dixième anniversaire de Staline, en 1949, les communistes du monde entier glorifient le « Petit Père des Peuples ». Ils célèbrent « Staline, l'espérance des peuples », « Staline, la paix », « Staline, l'éducateur ». On lui envoie d'innombrables cadeaux : instruments de travail ou souvenirs révolutionnaires.

En France, le poète Paul Éluard écrit pour l'occasion :« Et Staline dissipe aujourd'hui le malheur. La confiance est le fruit de son cerveau d'amour… ».

On érige des bustes de Staline partout. Une de ses statues est dressée sur le plus haut sommet du Caucase (5 642 mètres), avec cette inscription : « Au plus grand homme de tous les temps »… Ce sont même des dizaines de villes qui portent son nom !

Une nouvelle stupéfiante : Tito rompt avec Staline (28 juin 1948)
Le maréchal Tito, chef communiste, considère qu'il a délivré son pays, la Yougoslavie, sans l'aide de personne, aussi ne supporte-t-il pas la poigne de fer que Staline veut imposer dans les Balkans. En réaction, la Yougoslavie est exclue du Kominform.

USA-URSS : L'ÉQUILIBRE

Septembre 1949, l'URSS a la bombe ! La guerre froide est désormais fondée sur l'équilibre de la terreur.

Des espions bien renseignés

Dès 1941, Staline est au courant des projets alliés de fabrication d'une bombe atomique. Aussi, quand, en juillet 1945 à Potsdam, le président américain Truman lui apprend que les USA possèdent une nouvelle arme d'une puissance destructrice exceptionnelle, Staline n'est pas étonné. Il se contente de répondre d'un air détaché qu'il espère que les États-Unis en feront bon usage contre les Japonais.

En effet, le chef du Kremlin est tenu informé des découvertes scientifiques américaines grâce à un célèbre savant, Klaus Fuchs, qui espionne le cœur du centre de recherches nucléaires de Los Alamos (Nouveau-Mexique). Staline sait même que la bombe sera utilisée contre le Japon. Un rapport établi par Beria, son chef de la police secrète, et daté de février 1945, prouve que les Russes connaissent les principaux éléments de construction de la bombe américaine…

La course à l'armement commence

Bien qu'informé du « projet Manhattan » par ses maîtres espions, Staline met du temps à comprendre toute l'importance de l'arme atomique. Persuadé d'un coup de bluff des Américains, il n'en saisira toute la portée qu'au lendemain du 6 août 1945, après le bombardement d'Hiroshima et ses 140 000 victimes (bilan fin 1945).

Il décide enfin de mettre en place une commission atomique de savants russes dirigée par Beria. Ce comité est renseigné par des agents soviétiques opérant dans les territoires américain et britan-

DE LA TERREUR !

nique, avec parmi eux le savant communiste américain Julius Rosenberg. La précision des informations fait gagner un temps infini et économiser beaucoup d'argent à la recherche russe. Enfin, le 29 août 1949, la première bombe atomique soviétique explose dans le désert du Kazakhstan.

L'ÉQUILIBRE DE LA TERREUR NUCLÉAIRE

Toujours insatiable, Staline désire maintenant obtenir la supériorité nucléaire sur les États-Unis. Sur son ordre est lancé un nouveau projet encore plus ambitieux : la bombe H, la bombe à hydrogène, vingt fois plus puissante que la bombe atomique proprement dite. Une équipe soviétique a réalisé dans ce domaine une percée prometteuse. Parmi eux un jeune physicien : Andreï Sakharov.

L'URSS et les États-Unis dépensent des sommes folles dans une course effrénée à l'armement nucléaire. En effet, comment vivre avec la bombe sinon en s'armant davantage ? La guerre froide est fondée désormais sur un équilibre : celui de la terreur nucléaire.

Staline va suivre presque quotidiennement les avancées de ce vaste projet. Quand, en 1951 et 1952, les Américains font exploser deux engins thermonucléaires, ils semblent conforter leur avance, mais comme ces armes ne peuvent être transportées par avion ou par missile, elles ne sont pas opérationnelles. Dès septembre 1952, Beria apporte à son maître la preuve qu'une bombe vingt fois plus puissante que la bombe d'Hiroshima et totalement transportable est enfin prête…

Quelques mois après la mort du « tsar rouge », l'URSS réussit à faire exploser la première bombe à fusion thermonucléaire, le 12 août 1953. Un an avant les Américains…

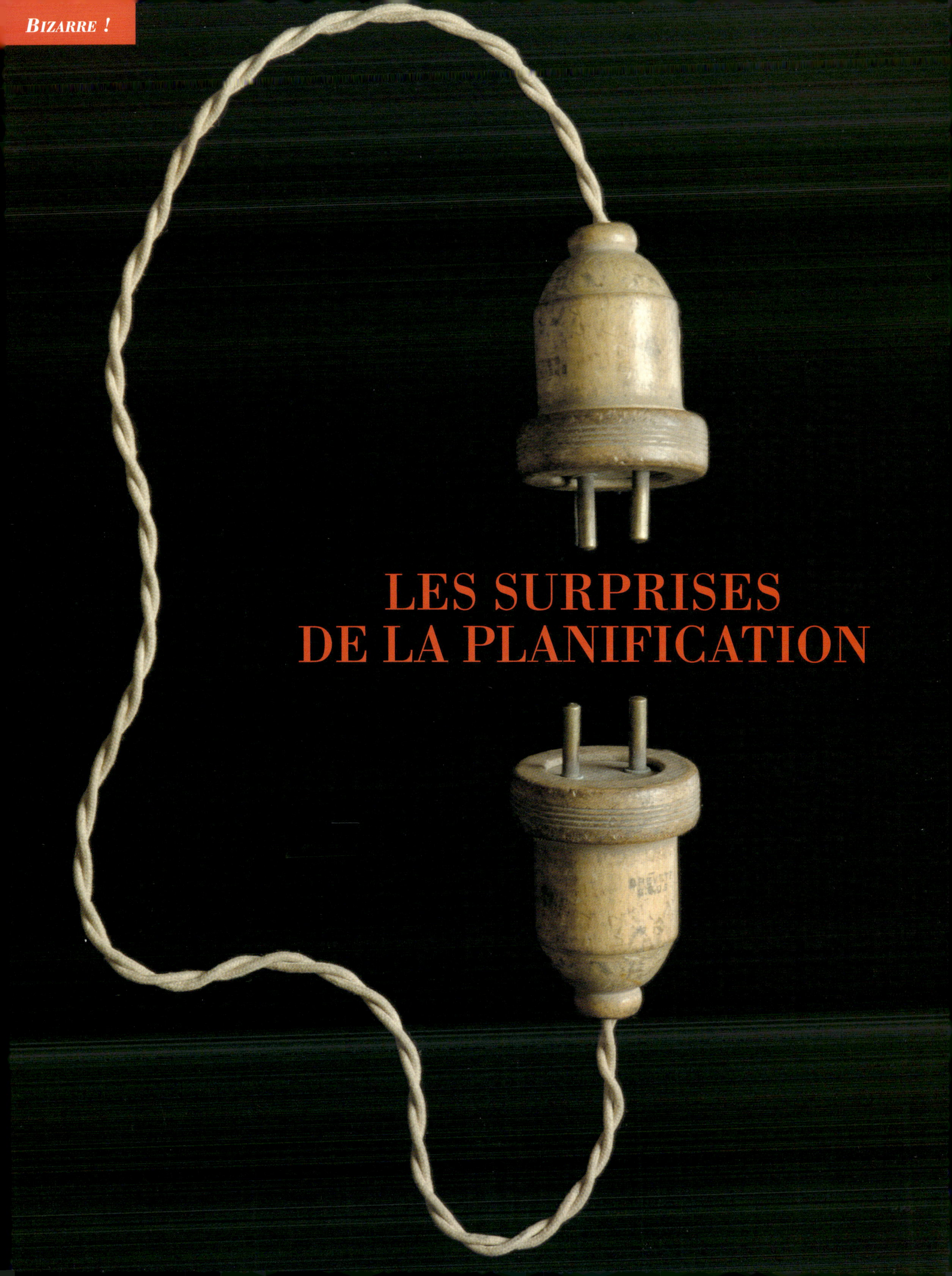

LES SURPRISES DE LA PLANIFICATION

En 1953, le premier État socialiste de l'histoire est économiquement dans une impasse. L'outillage est usé, la population travaille au ralenti, la terreur ne permet pas le bon fonctionnement d'une entreprise moderne...

Une société de pénurie

Malgré d'évidents progrès dans les domaines de l'éducation, de la protection sociale et de la santé, et en dépit d'une amélioration du niveau de vie, la faillite du système communiste est imminente. Les consommateurs soviétiques font la queue pour se procurer des produits comme la viande, les allumettes, les lunettes...

La rigidité de la planification économique donne des résultats catastrophiques et empêche le citoyen russe de se fournir en biens de consommation les plus rudimentaires. Prenons l'exemple d'une pénurie de fil à coudre : la production de tissu a bien augmenté de 50 % en cinq ans, comme prévu dans le plan, mais celui-ci a tout simplement oublié qu'il faut aussi produire 50 % de fil supplémentaire pour coudre ces nouveaux tissus. Les consommateurs trouvent des stylos mais sans leurs cartouches, ou des skis mais pas de chaussures de ski !

La crise du logement

La crise du logement sévit dans toutes les grandes agglomérations d'URSS. Elle oblige souvent trois générations à cohabiter. Avec la babouchka, la grand-mère, il n'est pas rare que sept personnes s'entassent dans un deux-pièces de 31 mètres carrés. Dans ce cas-là, les membres de la famille sont classés dans la catégorie « très nécessiteux », c'est-à-dire en dessous de la « norme », qui est de 9 mètres carrés par habitant ; en réalité, la moyenne générale est de 5 mètres carrés seulement ! Et encore, la plupart du temps, les familles doivent-elles partager leur petit appartement avec une autre famille...

Les délires du bon docteur Lyssenko !

Staline condamne les avancées scientifiques dans des domaines clés, comme l'informatique, la cybernétique, la biologie, ce qui fait que l'URSS prend un retard considérable sur les États-Unis. Il va jusqu'à distinguer la bonne science « prolétarienne » de la mauvaise science dite « bourgeoise ».

Dès 1948, on érige en principes les folles théories du biologiste Lyssenko. Staline protège ce charlatan et l'aide à réaliser ses projets les plus démentiels. Lyssenko refuse stupidement les bases de la génétique et nie les lois de l'évolution de Mendel. Il défend la thèse de l'hérédité des caractères acquis, et va ainsi provoquer des catastrophes en agriculture ou en écologie. Il réussit à persuader Staline que ses découvertes vont permettre des récoltes miraculeuses de blé, de coton, transformer les vaches soviétiques en véritables usines à lait au rendement hallucinant ! Le premier de ses collègues qui ose le contredire est envoyé dans un camp de Sibérie.

Projets de détournement d'un fleuve du nord vers le sud, plan d'aménagement visant à transformer un désert en champs d'orangers... Toutes ces expériences déboucheront sur des catastrophes écologiques incommensurables : assèchement de lacs, désertification, disparition prochaine de la mer d'Aral.

Quarante pour cent

En 1953, Staline et son gouvernement n'hésitent pas à consacrer 40 % du budget de l'URSS, soit 20 % du PIB, à l'industrie d'armement ! Malgré cela, de grands économistes de l'époque (Alfred Sauvy) calculent que l'URSS rattraperait la production industrielle des États-Unis dès... 1973 ! On sait depuis ce qu'il en est advenu.

Fainéantise et alcoolisme sont très répandus

L'alcoolisme est un véritable fléau en URSS. Le citoyen soviétique a horreur des responsabilités et il est profondément persuadé de la supériorité de son pays en toutes choses. L'administration est d'ailleurs tatillonne, et reste toujours méfiante envers les étrangers. La littérature, le théâtre et le cinéma doivent exalter l'honnête ouvrier, le bon père de famille, mais un individualisme trop marqué est objet de réprobation.

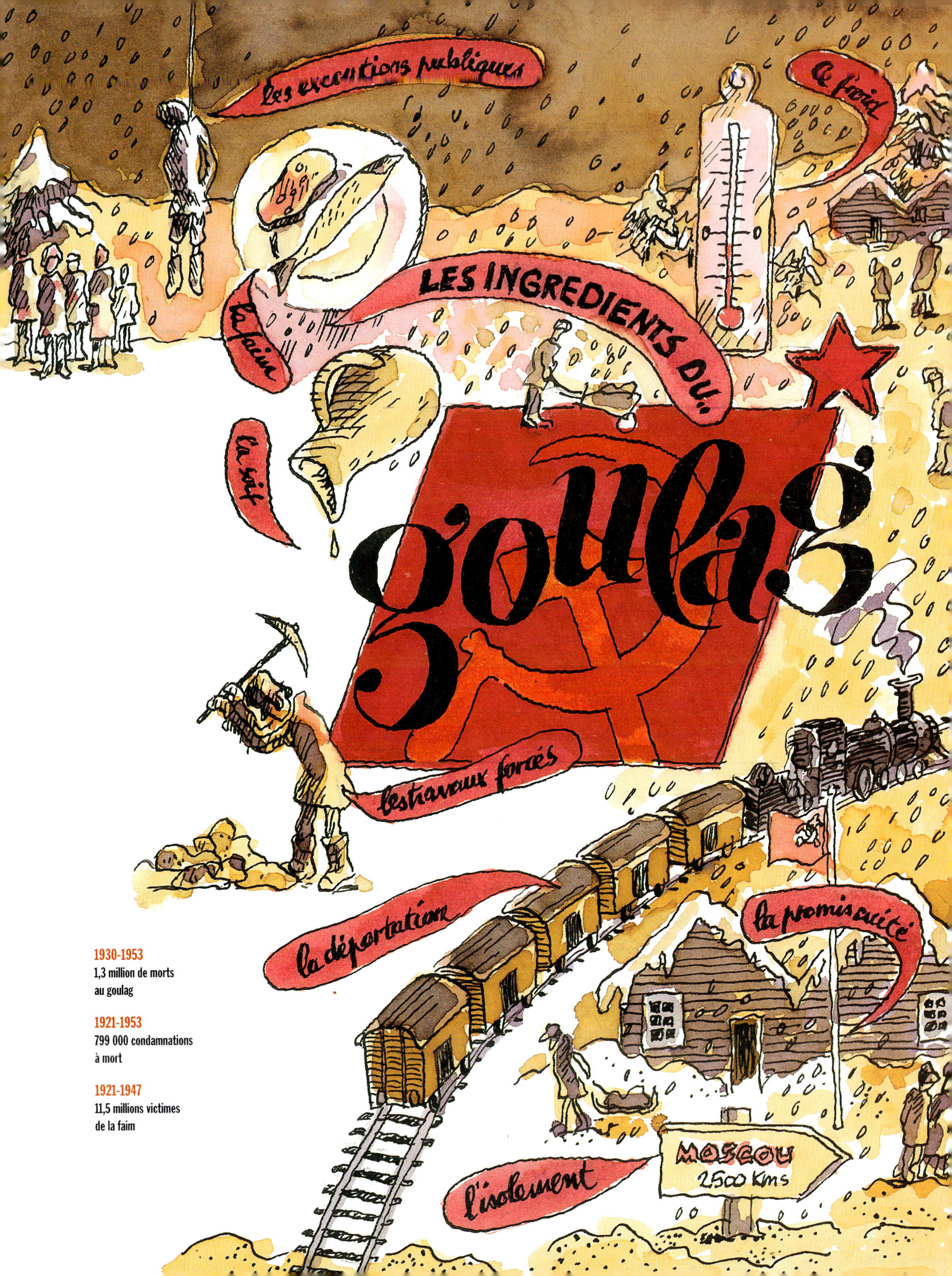

1930-1953
1,3 million de morts au goulag

1921-1953
799 000 condamnations à mort

1921-1947
11,5 millions victimes de la faim

Des steppes brûlantes du Kazakhstan aux confins glacés de la Sibérie, de 12 à 15 millions de Soviétiques seront envoyés dans les « camps de rééducation par le travail »... Le goulag survivra jusqu'à la fin des années 80, bien longtemps après la mort de Staline (1953), promoteur du système.

Le goulag, un système concentrationnaire fondé sur la terreur

Les tensions de la guerre froide servent de prétexte à Staline pour accentuer la terreur. Le « Guide » perfectionne son système de répression de masse : peur, suspicion, dénonciation, persécution ; la déportation massive reste son arme préférée. Tout opposant au régime est envoyé dans les camps administrés par un organisme, le Goulag (littéralement, « Direction des camps de rééducation par le travail »), terme qui désigne aussi l'ensemble des camps.

Cette main-d'œuvre forcée est employée dans les mines, à la construction de voies ferrées ou à des travaux mégalomaniaques dans des régions désertiques. La plupart sont mal réalisés, ou bien vite inutilisables.

Le climat et le dosage des rations alimentaires entretiennent la faim et déciment les prisonniers, épuisés par le travail. Qui peut se targuer de survivre longtemps aux - 60 °C du camp de Dalstroï avec une ration minable et des vêtements inadaptés ? Détruire une résistance physique ou morale devient alors une simple affaire de temps. Ainsi, sur une population de détenus qui atteint 2,5 millions en 1953, à peu près 20 % d'entre eux décèdent...

La faim et la terreur règnent dans les camps et se confortent mutuellement. Les détenus sont rétribués pour leur travail avec un minimum de nourriture, juste suffisant pour ne pas mourir. Ces rations peuvent être revues à la hausse ou à la baisse selon l'attitude du prisonnier. En effet, elles sont évaluées selon la quantité de travail fournie par rapport à la norme. La faim devient un moyen de briser les hommes, et un instrument puissant de manipulation. De plus, on dissuade les éventuelles tentatives d'évasion en rouant de coups jusqu'à la mort les évadés repris, puis en exposant leurs corps mutilés pendant plusieurs jours.

La vie d'un zek

Après avoir été arrêté, jugé et condamné, le futur zek (prisonnier du goulag) est prévenu au dernier moment de sa destination. Sa condamnation est généralement longue, dix, vingt ou vingt-cinq ans. Lors de leur transport, les zek sont entassés dans des wagons à bestiaux, et ne peuvent se laver pendant plusieurs milliers de kilomètres. Ainsi, le prisonnier est affaibli physiquement et mentalement avant même son arrivée.

Au camp, il ne dispose pour dormir que d'une superficie comprise entre 0,8 et 1,3 mètre carré selon la section. La baraque, qui peut abriter jusqu'à 184 hommes, est un bâtiment crasseux, mal chauffé (un poêle) et mal éclairé (une ampoule). Le prisonnier est affecté à une brigade de travail. Celle-ci est dirigée par un chef, qui attribue à chacun les tâches à accomplir. Les journées de travail sont de onze heures, sans aucun jour de repos.

Dans ces conditions, les prisonniers les plus fragiles meurent rapidement, d'autant plus qu'ils souffrent constamment de la soif. En effet la ration dite « sèche » est composée de pain et de hareng fumé, alors que l'approvisionnement en eau est souvent réduit au minimum. Cet univers de mort, d'arbitraire et de misère est aussi caractérisé par la domination des détenus de droit commun sur les prisonniers politiques. Ceux-ci pillent et terrorisent impunément les nouveaux puisque personne ne voit rien. L'omerta est une denrée russe appréciée. La violence entre les prisonniers s'ajoute à l'angoisse de l'avenir et à la terreur que font régner les gardiens...

Affiche de propagande anti-soviétique

La vie quotidienne au goulag

Staline s'appuie de plus en plus sur le nationalisme russe et la xénophobie. Le « tsar rouge », organise la déportation de peuples entiers ainsi qu'une gigantesque campagne contre les Juifs.

LES DÉPORTATIONS MASSIVES DE PEUPLES

Au cours de la Seconde Guerre mondiale, des populations entières, accusés de collaboration avec les Allemands, sont déportés. Dès 1941, 1,2 million d'Allemands de la Volga sont déplacés. Suivent en 1943 les Kalmouks, les Tchétchènes, les Ingouches et les Balkars, avec des Kurdes, des Grecs du Caucase et des Karatchaïs. En 1944, c'est au tour des Tatars de Crimée. De nombreux représentants de ces peuples seront envoyés dans les camps. Soumis à l'autorité du NKVD, ils vivent dans des conditions très difficiles. Ils forment une main-d'œuvre bon marché, privée de droits. Cette politique permet d'alimenter régulièrement les camps et le peuplement de certaines régions désertiques.

Pour avoir été faits prisonniers par les Allemands, 2 millions de soldats soviétiques sont, à leur retour au pays, envoyés dans des camps de travail ! Ils sont simplement soupçonnés de faire de la propagande pour le capitalisme...

UNE AVERSION PROFONDE POUR LES JUIFS

Déclenchée à partir de 1948, la campagne contre le « cosmopolitisme » assimilée au « sionisme » vise à soumettre les 120 nationalités de l'URSS à un nationalisme exclusivement russe. Dès ce moment, la politique antisémite de Staline devient systématique. Dans les dernières années de son existence, il ne peut plus dissimuler son aversion pour les Juifs.

Le « Guide » a sans doute accumulé, tout au long de sa vie, de nombreuses rancœurs et frustrations à l'encontre des Juifs. Dans son esprit paranoïaque, il associe ces derniers aux « cosmopolites », ces individus déracinés qui n'ont ni foyer ni passeport. En outre, ces gens sont souvent représentés par de brillants intellectuels, tel Trotski

UN SEUL MOT D'ORDRE :

(auquel Staline a retiré la nationalité russe et qui est mort sans passeport) ou Zinoviev.

Cette haine est vraisemblablement née de ses longues confrontations avec ces brillants dirigeants d'origine juive, membres du bureau politique du Parti.

L'aversion de Staline ne se serait cependant pas exprimée aussi brutalement si elle n'avait reçu un écho favorable de la part d'une partie de la population russe.

intitulée *Pourquoi il est inévitable d'exiler les Juifs des centres industriels du pays.*

Le complot des « blouses blanches »

Le dictateur, de plus en plus malade, se sent environné de traîtres et d'espions. Il organise le prétendu complot des « blouses blanches », qui doit donner le signal à la fois d'une vaste purge des vieux cadres du Parti et d'une répression antisémite. Staline ordonne l'arrestation de 15 grands médecins juifs, dont on prévoit la comparution pour tentative

RUSSIFICATION ET DÉPORTATION

2,8 millions de Juifs soviétiques déportés !

Dès la fin des années 20, un processus de russification des cadres dirigeants avait commencé à frapper certains bolcheviks d'origine juive. Parallèlement, en 1934, est créée une région autonome juive au Birobidjan.

Dans les semaines qui précèdent la mort du dictateur en mars 1953, un plan prévoit la déportation en Sibérie de 2,8 millions de Juifs soviétiques. À cette intention, Staline fait imprimer une brochure

d'assassinat sur les plus hauts personnages de l'Etat ! Leur procès est même prévu pour les 5 et 7 mars, et leur exécution par pendaison publique le 12 mars sur la place Rouge. Staline interviendrait ensuite, comme « sauveur » du peuple juif en les arrachant à la colère de la population russe et en les déportant vers des « lieux sûrs ».

La mort de Staline survient le 5 mars et interrompt miraculeusement l'engrenage de cette terrible machination.

LE MONDE UNANIME PLEURE LE PLUS GRAND CRIMINEL DE L'HISTOIRE

Malade physiquement, Staline est atteint d'une paranoïa de plus en plus aiguë. Le 5 mars 1953, il meurt soudainement d'une hémorragie cérébrale. Malgré l'ouverture de certaines archives, sa mort reste bien mystérieuse…

Douze heures d'agonie avant d'appeler les médecins

Le 28 février 1953, Staline est en bonne santé. Comme presque chaque soir, il soupe en compagnie de Beria, Malenkov, Boulganine et Khrouchtchev dans sa datcha de Kountsevo, non loin de Moscou. Comme d'habitude, après une soirée bien arrosée, les invités s'en vont vers 4 heures du matin et Staline se met au lit.

Le lendemain, vers midi, les gardes de service commencent à s'inquiéter de l'absence de mouvement dans la datcha. L'emploi du temps du « Guide », réglé comme un rituel, semble bouleversé. Mais comme nul ne peut entrer sans être convoqué, rien ne se passe. Enfin, vers 23 heures, le courrier arrive du Kremlin, l'intendant entre dans l'appartement et voit un corps inerte allongé par terre près du bureau.

Les gardes soulèvent le corps gelé et l'allongent sur le canapé. Staline ne peut prononcer le moindre mot. On appelle aussitôt Beria et Malenkov. Tous deux répondent qu'ils arrivent avec des médecins et ordonnent de ne prévenir personne. Le 2 mars, sans empressement, les compagnons de Staline ne parviennent sur les lieux que vers 3 heures du matin, et ils sont seuls. Ce n'est que vers 9 heures qu'arrivent enfin les médecins, qui diagnostiquent une hémorragie cérébrale.

Les derniers instants du « tsar rouge »

Le dictateur agonise pendant trois jours. Sa fille, Svetlana Allilouïeva, raconte ses derniers instants : « Il ouvrit soudain les yeux, ce fut un regard horrible, entre la démence et le courroux, plein d'horreur face à la mort, et alors, chose incompréhensible et terrifiante, il éleva la main gauche (la valide), on aurait dit qu'il indiquait quelque chose

là-haut, ou qu'il nous menaçait tous. Le geste était incompréhensible, mais menaçant, et on ne savait à qui ni à quoi il s'adressait. L'instant d'après, son âme, après un dernier effort, s'arracha à son corps. » On est le 5 mars 1953 ; il est 21 h 50. Dès 20 heures, Beria, Malenkov et Molotov se sont répartis les postes clés du gouvernement.

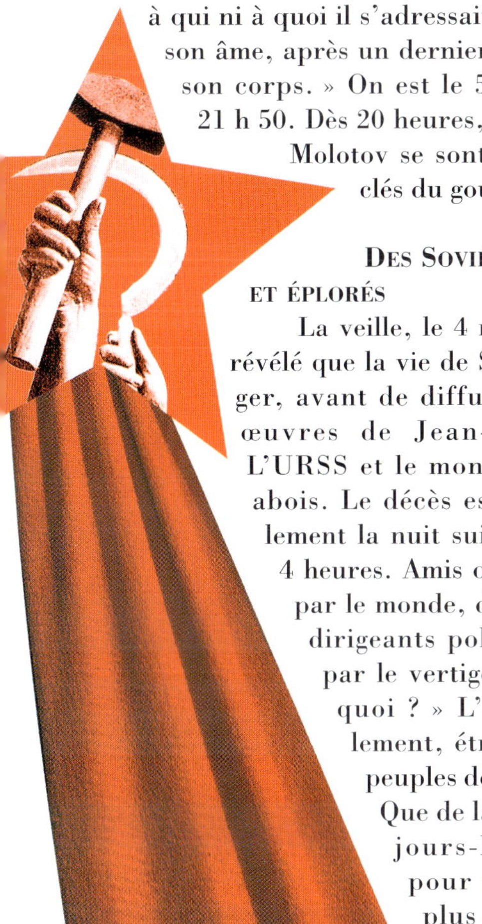

Des Soviétiques désemparés et éplorés

La veille, le 4 mars, la radio avait révélé que la vie de Staline était en danger, avant de diffuser en continu des œuvres de Jean-Sébastien Bach. L'URSS et le monde entier sont aux abois. Le décès est annoncé officiellement la nuit suivante, le 6 mars, à 4 heures. Amis ou ennemis, tous, de par le monde, des simples gens aux dirigeants politiques, sont saisis par le vertige : « Et maintenant quoi ? » L'angoisse, naturellement, étreint en priorité les peuples de l'Union soviétique. Que de larmes coulèrent, ces jours-là ! « Pour nous, pour tous, Staline était plus que Dieu », écrira Vladimir Boukovski. Avant d'être solennellement enterrée dans le mausolée de Lénine, à Moscou, la dépouille de Staline est exposée au public au Kremlin.

Même en France…

Le gouvernement prescrit deux jours de deuil pendant lesquels drapeaux et pavillons français sont mis en berne. À l'ouverture de la séance de l'Assemblée nationale du 6 mars, le président Herriot prononce un éloge funèbre devant tous les députés debout ! Une édition spéciale de l'Humanité titre : « Deuil pour tous les peuples, qui expriment leur immense amour pour le grand Staline. »

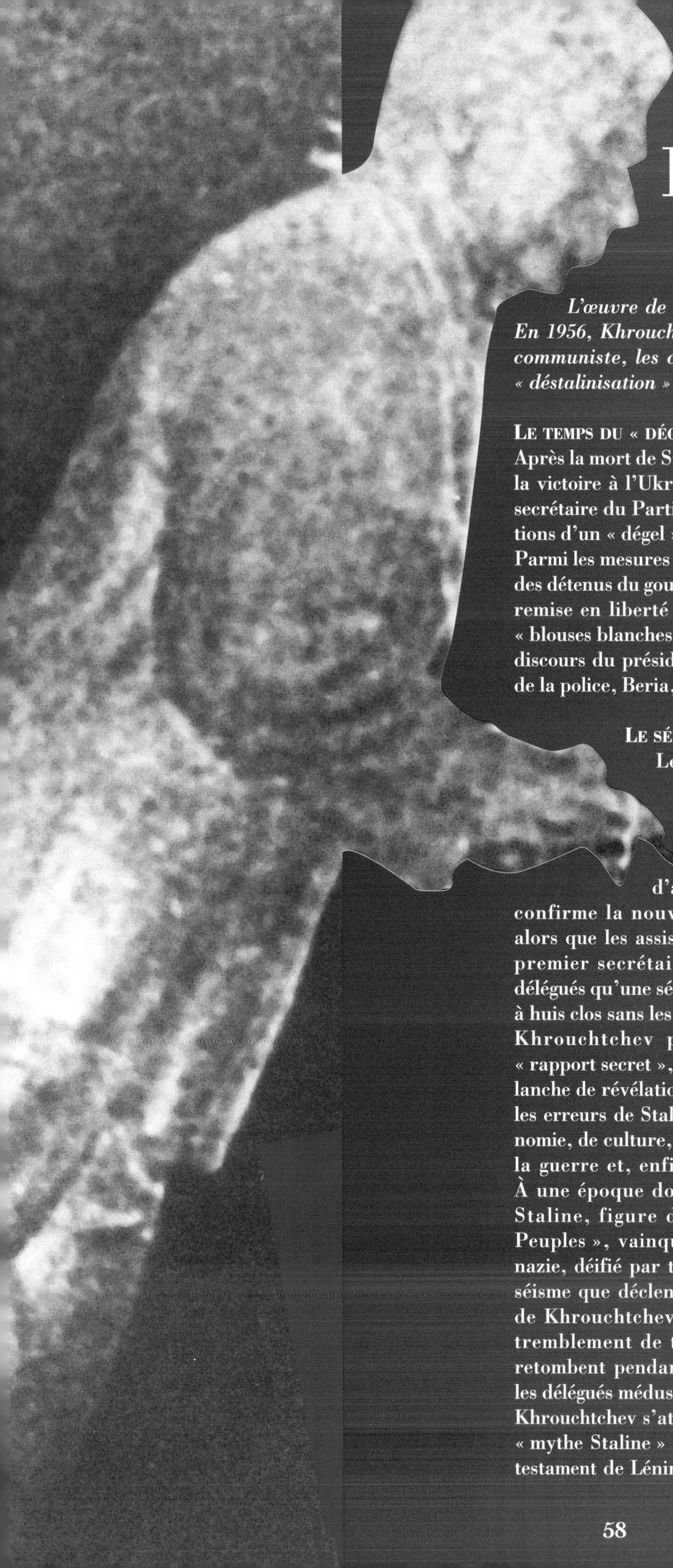

LE XXE DÉBOULONNE PAS LE

L'œuvre de Staline ne tarde pas à être remise en question. En 1956, Khrouchtchev condamne, lors du XXe Congrès du Parti communiste, les crimes de son prédécesseur. Une campagne de « déstalinisation » débute alors.

Le temps du « dégel »

Après la mort de Staline, la lutte pour le pouvoir qui s'engage donne la victoire à l'Ukrainien Nikita Khrouchtchev, qui est élu premier secrétaire du Parti en septembre 1953 et parvient à créer les conditions d'un « dégel » de la société soviétique.

Parmi les mesures prises par le nouveau pouvoir figure la libération des détenus du goulag dont les peines sont inférieures à cinq ans et la remise en liberté des 12 médecins juifs accusés du complot des « blouses blanches ». La *Pravda* reproduit pour la première fois un discours du président des États-Unis, Eisenhower, et l'ancien chef de la police, Beria, est arrêté en juin et exécuté en décembre.

Le séisme du XXe Congrès

Le XXe Congrès du Parti communiste d'Union soviétique s'ouvre le 14 février 1956 au Kremlin devant un parterre de 1 436 apparatchiks et de représentants des 55 partis frères. Tout d'abord, Khrouchtchev confirme la nouveau tournant puis, alors que les assises vont s'achever, le premier secrétaire fait informer les délégués qu'une séance de nuit aura lieu à huis clos sans les délégués étrangers.

Khrouchtchev présente alors son « rapport secret », qui contient une avalanche de révélations sur la terreur, sur les erreurs de Staline en matière d'économie, de culture, sur ses fautes durant la guerre et, enfin, sur sa paranoïa. À une époque dominée par le mythe Staline, figure du « Petit Père des Peuples », vainqueur de l'Allemagne nazie, déifié par tous, on comprend le séisme que déclenchent les révélations de Khrouchtchev. C'est un véritable tremblement de terre dont les effets retombent pendant quatre heures sur les délégués médusés.

Khrouchtchev s'attaque directement au « mythe Staline » en s'appuyant sur le testament de Lénine. Non, Staline n'est

Tchécoslovaquie

Afghanistan

RDA

CONGRÈS STALINE MAIS… SYSTÈME !

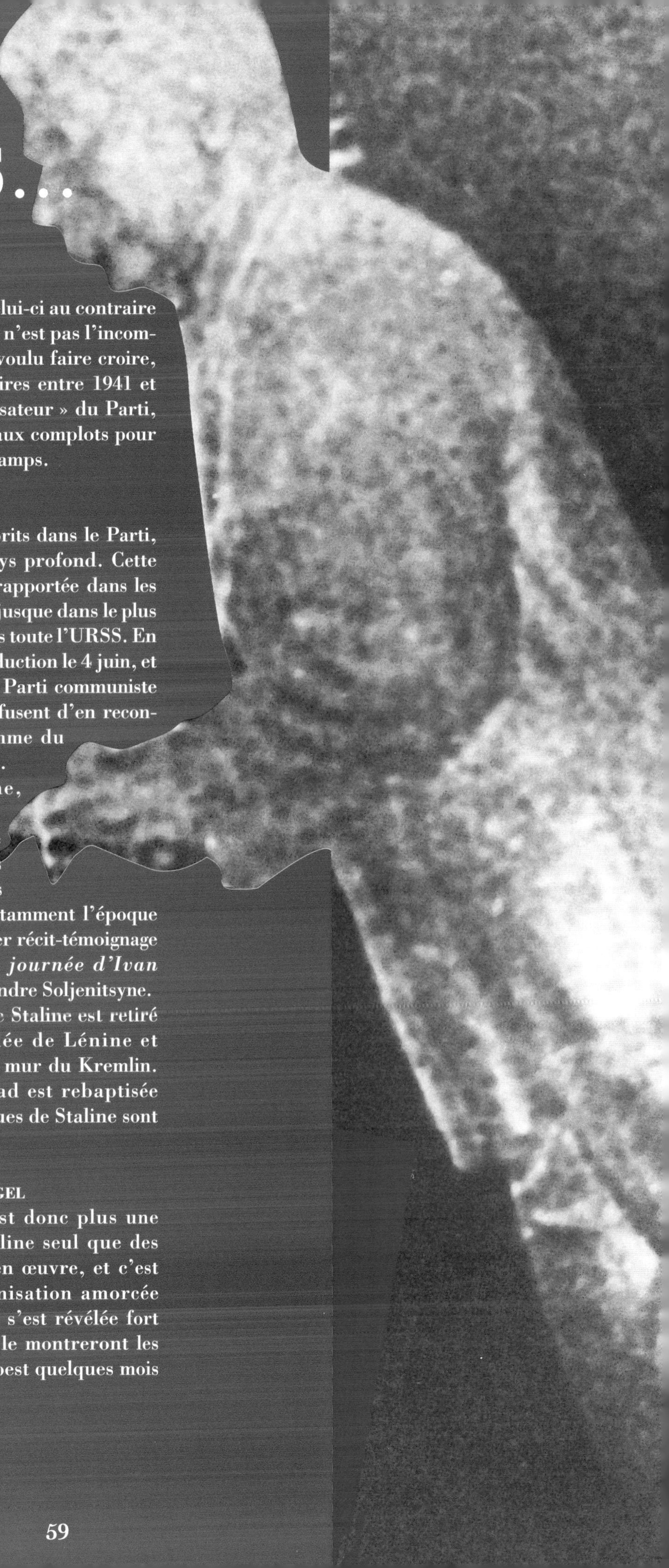

pas le « génial continuateur du grand Lénine ». Celui-ci au contraire se méfia toujours du rusé Caucasien. Non, Staline n'est pas l'incomparable chef de guerre, le génial stratège qu'il a voulu faire croire, mais le responsable de bien des désastres militaires entre 1941 et 1945. Non, Staline n'est pas l'« inimitable organisateur » du Parti, le « grand théoricien ». Il préférait inventer de faux complots pour perpétrer des purges gigantesques et remplir les camps.

Les conséquences du séisme

L'objectif de Khrouchtchev est de frapper les esprits dans le Parti, surtout à sa base, et plus largement dans le pays profond. Cette dénonciation du « culte de la personnalité » est rapportée dans les usines de l'Union, les administrations ou l'armée, jusque dans le plus petit village. Le texte est diffusé dès la fin mars dans toute l'URSS. En Occident, le *New York Times* en reproduit une traduction le 4 juin, et le Monde, le 6 juin. Seuls les staliniens obtus du Parti communiste français restent coincés dans leurs préjugés et refusent d'en reconnaître la véracité. Ils en parlent dès lors comme du « rapport attribué au camarade Khrouchtchev »…

En affrontant la vieille garde stalinienne, Khrouchtchev veut reconstituer le Parti. Le premier secrétaire cherche des alliés dans la société et parmi les intellectuels. C'est notamment l'époque où est publié le premier récit-témoignage sur le goulag : *Une journée d'Ivan Denissovitch*, d'Alexandre Soljenitsyne. Le corps embaumé de Staline est retiré en 1961 du mausolée de Lénine et enterré au pied d'un mur du Kremlin. La ville de Stalingrad est rebaptisée Volgograd, et les statues de Staline sont déboulonnées…

HONGRIE

RDA

BIÉLORUSSIE

La fin rapide du dégel

Le rapport secret est donc plus une dénonciation de Staline seul que des méthodes qu'il mit en œuvre, et c'est pourquoi la déstalinisation amorcée lors du XXe Congrès s'est révélée fort incomplète, comme le montreront les événements de Budapest quelques mois plus tard.

Aujourd'hui encore, le stalinisme est toujours vivant. Ses héritiers, qui prolifèrent sur presque tous les continents, s'appellent Saddam Hussein, Kim Jong-il, Fidel Castro…

SADDAM HUSSEIN A UN SEUL ET UNIQUE MODÈLE : STALINE

De 1979 à 2003, Saddam Hussein gouverne l'Irak d'une main de fer. Sur tous les murs du pays, dans toutes les maisons, en pleine campagne, son portrait s'étale, souriant ou belliqueux. Cela ne fait aucun doute, Staline est le héros, le modèle de Saddam. Ce dernier a étudié sa vie et son œuvre. Dans ses palais, il possède des bibliothèques entières

sur un seul homme : le « génial Joseph ».

Comme Staline, Saddam Hussein est d'origine rurale : il est fils de paysans pauvres. Comme Staline, il a fait peu d'études et a longtemps été tenu à l'écart par les leaders du parti, qui étaient pour la plupart des intellectuels. Comme lui, il fait assassiner ses rivaux, il élimine ses opposants et installe ses proches aux postes clés du régime.

KIM JONG-IL, LE FANTÔME DE STALINE

Il est le fils du despote immonde Kim Il-song, qui a installé dès 1946, en Corée du Nord, un régime communiste digne de Staline. En ce successeur déjà à moitié fou revit le fantôme du « Petit Père des Peuples ». Au nom de l'idéologie « le pays doit se suffire à lui-même », Kim Jong-il est responsable de la destruction de son peuple par la famine. Dans le dernier État pleinement communiste de la planète, il développe le culte de sa personnalité de façon délirante et transforme Pyongyang en musée du communisme.

Fidel Castro, le Staline des Caraïbes

Autre dictateur communiste, toujours en exercice sur l'île de Cuba : Fidel Castro, 78 ans. Il a multiplié trahisons et crimes tout en construisant sa légende d'humaniste luttant seul contre l'impérialisme des États-Unis. Loin de cette image, il est bien ce dictateur maniaque, manipulateur, cynique et obsédé du pouvoir. Fidel Castro a constamment menti, et a délibérément fait entrer son pays dans la sphère soviétique. En bon disciple de Staline, il a systématiquement éliminé ou emprisonné tous ceux qui avaient lutté à ses côtés pour la liberté et la démocratie, et qui n'étaient pas communistes. Obsédé par les complots, sans pitié et paranoïaque, il monte de toutes pièces des procès contre ses rivaux.

Pol Pot : entre 1 et 2 millions de victimes

En 1975, Pol Pot, à la tête des communistes cambodgiens, s'empare du pouvoir. Commencent alors quatre années de massacres et de terreur au cours desquelles près du quart de la population cambodgienne (entre 1 et 2 millions de personnes) est mort (maladie, famine, torture, exécutions sommaires).

STALINE CANONISÉ

(par lui-même)

Sur cette affiche de Gustav Kluzis, Staline a enfin réalisé son vieux rêve. D'un coup de pinceau, il s'est fait canoniser. Il est devenu le quatrième saint du communisme, après Marx, Engels et Lénine. Sous son visage massif, une foule d'ouvriers, de mineurs et de paysans venus de toute l'URSS se presse pour acclamer sa « sainteté ».

UN SEUL MODÈLE : STALINE

Cette œuvre est un parfait exemple de la propagande stalinienne. Affiches, tableaux, médailles, drapeaux, statues, poèmes, édifices publics, films… Le dictateur a utilisé tous les arts pour célébrer sa personne et son œuvre. Pourtant, il n'avait rien d'un artiste, encore moins d'un esthète. Il détestait toutes les avant-gardes, qu'elles soient cubistes, surréalistes ou abstraites, leur préférant le « réalisme socialiste », un nouveau style qu'il a imposé à tous les artistes soviétiques. Ces derniers avaient pour mission d'« éduquer le peuple » et de présenter « des héros positifs », des paysans et des ouvriers. En clair, ils devaient offrir au public une vision idéalisée, paradisiaque, du régime et de la société soviétiques.

« SAINT STALINE » ET SES ICÔNES

En effet, le « réalisme socialiste » n'a rien de réaliste. Sous le pinceau des peintres officiels, la réalité est en fait déformée, falsifiée, truquée, comme en témoignent les portraits de Staline : moustache lustrée, cheveux laqués, mine rose et fraîche… Le visage grêlé, le teint blafard, le bras déformé ont été habilement gommés. L'art devient un instrument de propagande. Sur un tableau de 1935, voici le dictateur parmi de joyeux ouvriers, devant le barrage de Ryon qui vient tout juste d'être construit. Le message est clair : « Staline est un grand bâtisseur ». Pipe à la main, Staline, tout de blanc vêtu, pose, rassurant… Sur une affiche de 1937, il apparaît au milieu d'une foule de Soviétiques appartenant aux diverses nations de l'Union. Les visages sont souriants, les mains tendent des bouquets de fleurs. Là encore, pas besoin de sous-titre : « Staline est bien le petit père des peuples ».

Mais les miracles de « saint Staline » auront tourné au cauchemar, et ses icônes n'auront pu masquer bien longtemps la terrible réalité…

AFFICHE DE GUSTAV KLUZIS
« Brandissons l'étendard de Marx, Engels, Lénine et Staline ».

Antoine Auger
Moins agitateur que son camarade Dimitri, il ne se remet toujours pas d'avoir quitté sa province pour s'installer à Paris. Une « agreg » d'histoire. Ancien prof. Rassurant. Ah ! sa passion, c'est le multimédia. Il est intarissable.

Dimitri Casali
Tête de bandit calabrais, une guitare à la main. Erreur ? Non ! Il compose des rocks sur des thèmes historiques pour son groupe, Historock, et il est bien professeur d'histoire. Ça alors !

Alain Mounier
Ancien directeur artistique et directeur de création dans de grandes agences de publicité, ami de nombreux illustrateurs, Alain Mounier met son talent au service de la collection depuis sa création. Avec son ami Dominique Gaussen, il a obtenu en 2003 avec « Jean Moulin et ceux qui ont dit non ! » *le premier prix (catégorie Non Fiction) de la Foire internationale du livre jeunesse de Bologne.*

Dépôt légal : novembre 2004
ISBN : 2-7404-1855-8
Imprimé en France par
PPO Graphic, 93500 Pantin

BIBLIOGRAPHIE

Carrère d'Encausse Hélène, *L'URSS de la Révolution à la mort de Staline 1917-1953*, « Points-Histoire », Le Seuil, 1993.
Courtois Stéphane, Werth Nicolas et alii, *Le Livre noir du communisme*, rééd. Pocket, 1999.
Elleinstein Jean, *Histoire de l'URSS*, éditions sociales, 1979.
Fejtö François, *Histoire des démocraties populaires*, « Points-Histoire », Le Seuil, 1969, rééd. 1992.
Heller Michel, *Histoire de la Russie et de son empire*, Plon, 1997.
Joubert Alain, *Le Commissariat aux archives. Les photos qui falsifient l'histoire*, Éditions Barrault, 1986.
Malia Martin, *Comprendre la Révolution russe*, Paris, « Points-Histoire », Le Seuil, 1980.
Scot Jean-Paul, *La Russie de Pierre le Grand à nos jours*, Armand Colin, 2000.
Sorlin Pierre et Irène, *Lénine, Trotski, Staline*, Armand Colin, 1961.
Werth Nicolas, *Histoire de l'Union soviétique*, Thémis Histoire, PUF, 2001, 5e édition.

Biographies de Staline

Brackman Roman, *Staline, agent du tsar*, L'Archipel, 2003.
Elleinstein Jean, *Staline*, Fayard, 1984.
Marcou Lilly, *Staline, vie privée*, Calmann-Lévy, 1996.
Marie Jean-Jacques, *Staline*, Fayard, 2001.
Marie Jean-Jacques, *Staline*, Librio, 2003.

Articles

« 1917 : quand la révolution russe ébranle le monde » *in* L'Histoire n° 206, janvier 1997, pages 22 à 49.
« Le siècle communiste », numéro spécial de L'Histoire n° 223, juillet-août 1998.
« Les derniers jours de Trotsky », article de Stéphane Courtois *in* L'Histoire n° 246, septembre 2000, pages 76 à 83.
« Les crimes du communisme » *in* L'Histoire n° 247, octobre 2000, pages 54 à 73.
« La prise du palais d'Hiver », article de Pierre-Jean Martineau *in* L'Histoire n° 268, septembre 2002, pages 52-53.
« La mort de Staline » *in* L'Histoire n° 273, février 2003, pages 31 à 59.
« Staline », dossier réalisé par François Kersaudy *in* Historia, n° 674, février 2003.

ILLUSTRATIONS
Olivier Charpentier : p. 4-5, 38-39
Stéphane Lacroix : couverture, p. 6-7, 37, 56-57
Chrystèle Ferté : p. 12-13, 32-33
Rémi Courgeon : p.14-15, 20
Martine Collet : p. 18-19
Alain Mounier : p. 9, 40-41, 52
Alexandre Lagneau : p. 42-43
Philippe Caron : p. 48-49, 54-55
Gabriel Léger : p. 60-61

PHOTOGRAPHIES
Dominique Gaussen : p. 7 (h)
Jean-Marie Troude : p. 44-45, 46-47, 50

ICONOGRAPHIE
Dominique Gaussen

CORRECTIONS
Chloé Chauveau

CRÉDITS PHOTOGRAPHIQUES
© Viollet : p. 8 (h)
© Keystone : p. 8 (b)
© DR : p. 10-11, 17, 27, 28-29, 53 (h)
© The Illustrated London News Picture Library : p. 21
© Moscou Russian State Library : p. 22
© AKG-Images : p. 23
© Mary Evans / Keystone : p. 25
© Marlingue-Viollet : p. 26
© Collection Viollet : p. 29 (b)
© Collection privée Alain Jaubert *in Le Commissariat aux archives* (Éditions Barrault) : p. 30, 31 (b)
© Bibliothèque Nationale, Paris : p. 31 (h)
© AKG-Images Paris : p. 34-35, 36
© A.P.M /Keystone : p. 47
© AFP : p. 58-59
© Keystone : p. 58-59 (photo n° 1, n° 2)
© V. Kisseliov /APN : p. 58 (photo n° 3)
© AKG-Paris : p. 58-59 (photo n° 4, n° 5)
© Lapi-Viollet : p. 59 (photo n° 6)
(h : haut ; b : bas)

REMERCIEMENTS
Un grand merci à Charlotte…
À mes stakhanovistes préférées Florence et Chantal pour leur ténacité et leur talent.
Bisous à Marion. Clin d'œil à Jean Poderos.
Un dernier signe à Isabelle.

LOUIS XIV

FRANÇOIS 1ER

NAPOLÉON 1ER

MICHEL ANGE

DE GAULLE

LUCY

MARCO POLO

RICHARD CŒUR DE LION

GANDHI

CATHERINE II

CHURCHILL

BOUDDHA